U0112589

府第民宅

福建古建筑丛书

福建古建筑丛书编委会 编

海峡出版发行集团 | 福建教育出版社
THE STRAITS PUBLISHING & DISTRIBUTING GROUP

福建古建筑丛书编委会

编辑单位

福建省人大常委会环境与城乡建设工作委员会

福建省人大常委会教育科学文化卫生工作委员会

福建省住房和城乡建设厅

福建省文化和旅游厅

福建省新闻出版局

中共福建省委党史研究和地方志编纂办公室

福建省文物局

海峡出版发行集团

福建省文学艺术界联合会

福建省作家协会

福建省摄影家协会

福建省文物考古博物馆学会

编 辑 部

主　　任：何　强

常务主编：郑国珍

副 主 任：戴志坚　张　鹰　孙汉生　郭凯铭　胡志世

分册主编：许为一　龚张念　李华珍　林　峰　楼建龙

本册主编：李华珍

前　言

　　福建，简称"闽"，雄踞祖国东南，与宝岛台湾隔海相望。武夷山—玳瑁山山脉横亘闽西北，鹫峰山—戴云山—博平岭山脉南北纵贯闽中；闽江、九龙江、汀江、晋江、龙江、敖江、交溪、木兰溪等河网自成体系，蜿蜒跌落湍流，缓缓汇入大海；山间、河畔等生态廊道散布着星星点点的谷坡、盆地，河口、海滨等江海衔接带绵延着大小不等的平原、台地。大陆海岸线长 3752 千米，分布着 2215 个海岛、125 个大小海湾。全省陆域面积 12.39 万平方千米，近海渔场面积 12.5 万平方千米，素有"八山一水一分田""海潮声中万亩田"之称。

　　得天独厚的生态环境资源优势，孕育了相对独立的区域特色文化。考古资料显示，早在距今 18.5 万年前就有人类繁衍生息于此，约 3 万年前已出现世间罕见之人工构筑的石铺地面，以优化生活生产环境。自旧石器时代末期到新石器时代，横跨以万年计的全球气候冷热巨变阶段，群山峻岭里，沧海桑田中，不乏福建先民筚路蓝缕、聚居劳作的历史遗迹遗物存世。相当于中原的商周时期，福建区域出现了与中原王朝保持着密切联系的"七闽"部落、"闽方国"；秦朝废闽越王为"君长"，置闽中郡；汉代初复立闽越王"王闽中故地"，福建区域与中原王朝的关系愈加紧密，这些在《周礼》《史记》《汉书》等古籍中均有记载。自东汉以降数百年，中央政权相继在福建区域，将"冶县"改为"侯官县"，设立过"建安郡""晋安郡""南安郡"及"闽州"等行政管理建制以加强统治。福建区域原住民不断与"衣冠避难、多所萃止"的中原各地辗转迁徙入闽者融合，逐渐形成以汉族居民为主体、中原传统文化占主导的地区，省域亦因唐开元年间置"福建经略使"而得名。

唐宋以来，福建社会经济文化日趋繁荣。纵横千里的驿道组成的路网，将福建一座座城镇乡村、港口码头串珠般连接，通往海内外。兴文重教，英才辈出，素有"海滨邹鲁"之誉。产业拓展，商贾接踵，曾为中国的世界贸易中心之一。巍峨的城垣城楼，林立的土楼堡寨，争艳的府第民宅，幽雅的文庙书院，质朴的古道亭桥，无不积淀了深厚的文化底蕴，递嬗出多元文化交融的区域特色。"福建土楼""鼓浪屿：历史国际社区"和武夷山汉城遗址等成为联合国教科文组织认定的世界文化遗产，福州、泉州、漳州、长汀等被公布为国家历史文化名城，福州文庙、泉州文庙等被列入全国重点文物保护单位，无不绽放出辉煌的历史文化光芒。

习近平同志自1985年来到福建，辛勤工作了近18年，对福建的山山水水了解深刻，为福建的建设发展与历史文化保护传承倾注了大量心血。他在福建提出"既要重视经济的发展，又要重视生态环境、人文环境的保护。发展经济是领导者的重要责任，保护好古建筑，保护好传统街区，保护好文物，保护好名城，同样也是领导者的重要责任"等执政理念，作出"保护历史文物是国家法律赋予每个人的责任，也是实施可持续发展战略的重要内容，任何个人和单位都不能为了谋取眼前或局部利益而破坏全社会和后代的利益"等重要指示；他身体力行地设法保存修复林则徐、林觉民等历史名人故居，力主保护三坊七巷、和平古镇等传统街区、村镇，及时抢救三明万寿岩考古遗址等重要史迹，以实际行动充分体现了对优秀历史文化遗产、优秀文化传统的珍视与厚爱，是迈入中国特色社会主义新时代的宝贵精神财富。

党的十八大以来，以习近平同志为核心的党中央坚持从留住文化根脉、守住民族之魂的战略高度，十分关心、大力推动文化和自然遗产的保护工作，反复强调要像爱惜自己的生命一样保护好文物和文化遗产。2017年，中共中央办公厅、国务院办公厅印发了《关于实施中华优秀传统文化传承发展工程的意见》，就建立中华优秀传统文化传承发展体系进行了全面部署，强调"加强新型城镇化和新农村建设中的文物保护。加强历史文化名城名镇名村、历史文化街区、名人故居保护和城市特色风貌管理，实施中国传统村落保护工程，做好传统民居、历史建筑、革命文化纪念地、农业遗产、工业遗产保护工作"。2019年，《人民日报》重新发表了习近平总书记17年前所作的《〈福州古厝〉序》，新华社发表了《文明之光照亮复兴之路——以习近平同志为核心的党中央关心文化和自然遗产保护工作纪实》，这些对于我们进一步做好文化遗产保护工作，更好地传承文明、增强文化自信，意义深远。

福建省人大常委会认真学习领会习近平总书记重要讲话指示批示精神，坚决贯彻习近平新时代中国特色社会主义思想，积极按照国家宪法和法律赋予的职责，紧密围绕福建文化特色，紧扣新时代文物和文化遗产保护管理和传承活化过程中的社会需求，既从全省的文物保护管理、历史文化名城名镇名村和传统村落保护、文化和自然遗产保护利用等工作实际考虑，先后制定出台了相关"条例"和"决议"，又积极与国际文化和自然遗产保护管理理念接轨，相继推出了涵盖"武夷山""福建土楼""鼓浪屿：历史国际社区"等世界文化和自然遗产保护管理的地方性法规；同时，有计划有重点地开展省、市、县（区）三级人大的联合执法检查、专题询问等年度监督工作。通过实地察看、听取汇报、召开座谈会等，深入了解文物和文化遗产保护等法律法规贯彻落实的工作成效和存在问题，及时作出相应的执法检查报告、咨询与指导要求等，保障和促进了优秀民族传统文化的延续与拓展。

为进一步认真贯彻落实习近平总书记关于增强文化自信、传承和保护好中华优秀历史文化遗产等重要讲话精神，值此联合国教科文组织第44届世界遗产大会即将在福州召开之际，按照福建省人大常委会的要求，由省人大常委会环城工委和教科文卫工委牵头，会同省住房和城乡建设厅、省文化和旅游厅、省新闻出版局、省党史和方志办、省文物局、海峡出版发行集团、省文联和省文物考古博物馆学会等多个部门和学术团体，组织相关专家学者围绕"城垣城楼""土楼堡寨""府第民宅""文庙书院""古道亭桥"五个专题，采用"建筑说明与散文随笔、摄影图片"等相映成趣的表达形式，编撰了这套一辑五册的"福建古建筑丛书"，旨在彰显福建各地城垣城楼、土楼堡寨、府第民宅、文庙书院、古道亭桥等古建筑的历史人文风貌与建筑艺术价值，为社会奉上一道道福建历史文化遗产的美味佳肴，进一步促进全社会形成珍惜爱护历史文化遗产、传承弘扬优秀传统文化的浓厚氛围。

在如此深厚的文化蕴藏面前，虽然我们做了积极努力，终究受限于资料的完整性和表达的精准性等不足，挂一漏万之处难免，恳请亲爱的读者不吝指正，使"福建古建筑丛书"的编写工作不断臻于完善。

福建古建筑丛书编委会

2020 年 6 月

编辑说明

　　一、本丛书选取福建各地城垣城楼、土楼堡寨、府第民宅、文庙书院、古道亭桥各类古代建筑，以"建筑说明 ＋ 散文随笔 ＋ 图片"的形式，全面呈现福建本土最具地域特色和独特艺术价值的古建筑风貌及历史人文内涵。

　　二、本丛书（第一辑）共 5 册，分别为：

　　1.《城垣城楼》，收录福建古建筑中以外筑城垣为特征，具有行政建制与军事防卫功能的构筑物及其附属设施遗存。包括 4 类，共 39 个建筑点：
（1）府县古城 9 个，包括福州府城、泉州府城、汀州府城、建宁府城、邵武府城、松溪县城、上杭县城、崇安县城、和平分县城。（2）卫所、水寨、巡检司 17 个，包括平海卫城、镇海卫城、梅花所城、万安所城、定海所城、厦门所城、大京所城、莆禧所城、崇武所城、福全所城、六鳌所城、铜山所城、悬钟所城、琴江水师旗营、鼓浪屿龙头山寨、闽安巡检司城、小岞巡检司城。
（3）镇村城堡 9 个，包括柘荣双城城堡、福安廉村城堡、霞浦传胪城堡、霞浦八堡城堡、福鼎潋城城堡、福鼎玉塘城堡、福鼎石兰城堡、漳浦赵家堡、漳浦诒安堡。（4）炮台 4 个，包括马尾亭江炮台、连江长门炮台、漳州港南炮台、厦门胡里山炮台。

2.《土楼堡寨》，收录福建古建筑中兼具居住与防卫功能的土楼和堡寨类建筑遗存。包括分布于全省各地的 38 个建筑点：永定集庆楼、永定永康楼、永定福裕楼、永定承启楼、永定衍香楼、永定振福楼、新罗苏邦东洋楼、漳平泰安堡、华安二宜楼、华安雨伞楼、南靖绳庆楼、南靖步云楼、南靖和贵楼、南靖怀远楼、南靖裕昌楼、平和绳武楼、平和余庆楼、平和庄上大楼、平和龙见楼、漳浦锦江楼、安溪崇墉永峙楼、德化厚德堡、仙游东石土楼、福清东关寨、永泰三捷青石寨、永泰荣寿庄与昇平庄、永泰赤岸铳楼群、永泰万安堡、闽清娘寨、尤溪茂荆堡、尤溪公馆峡民居、沙县水美双元堡、三元松庆堡、永安安贞堡、永安复兴堡、大田琵琶堡、大田潭城堡、将乐㘵厚堡。

3.《府第民宅》，收录福建古建筑中具有特色的官宦府第和典型民居宅第类建筑遗存。包括分布于全省各地的 39 个建筑点：福州黄巷郭柏荫故居、福州衣锦坊郑氏府第、闽清宏琳厝、长乐九头马民居、闽侯水西林建筑群、闽侯白沙永奋永裹厝、永泰嵩口德和厝、柘荣凤岐吴氏大宅、屏南北墘佛仔厝、莆田大宗伯第、涵江凤门林氏大厝、涵江江氏民居、仙游海安朱氏民居、南安蔡氏古民居、南安中宪第、南安林氏民居、安溪湖头景新堂、泉港土坑旗杆厝、晋江钱头状元第、永春岵山福兴堂、漳州蔡氏民居、漳浦蓝廷珍府第、武夷山下梅大夫第、南平峡阳大园土库、光泽崇仁裘氏民居、建阳书坊陈氏民居、顺昌元坑陈氏民居、邵武中书第、邵武金坑儒林郎第、尤溪玉井坊郑氏大厝、尤溪大福圳民居、沙县大水湾陈氏大厝、三元龙安骑尉第、永安沧海龙德堂、长汀三洲戴氏民居、长汀馆前沈宅、长汀中街李氏下大屋、连城芷溪集鳣堂、连城培田村官厅。

4.《文庙书院》，收录福建古建筑中以祭祀和纪念孔子、从事教育为主要功能的文庙与书院类建筑遗存。分为文庙与书院两类，共 39 个建筑点：（1）文庙 24 个，包括福州文庙、闽清文庙、永泰文庙、螺洲孔庙、同安孔庙、漳州府文庙、漳浦文庙、平和文庙、海澄文庙、泉州府文庙、惠安孔庙、永春文庙、安溪文庙、仙游文庙、黄石文庙、涵江孔庙、永安文庙、汀州文庙、上杭文庙、漳平文庙、建瓯文庙、崇安文庙、双溪文庙、西昆孔氏家庙。（2）书院 15 个，包括正谊书院、濂江书院、文泉书院、霞东书院、云山书院、南屏书院、石井书院、龙山书院、侯龙书院、普光书院、南溪书院、萃园书院、兴贤书院、南浦书院、魁龙书院。

5.《古道亭桥》，选取古代进出福建的东线、北线、西线、南线四条陆路通道上的各个地点，并串联起各条古道上的关、隘、亭、桥等建筑遗存。分为四个部分，共40个地点：（1）福温古道 9 个点，包括福鼎、寿宁、柘荣、霞浦、屏南、周宁、蕉城、连江、福州北。（2）仙霞分水 11 个点，包括浦城、武夷山、邵武、光泽、松溪、政和、建瓯、建阳、顺昌、延平、闽侯。（3）闽客间关 11 个点，包括泰宁、建宁、宁化、长汀、武平、上杭、连城、永安、大田、尤溪、闽清。（4）福广通津 9 个点，包括漳州、泉州、永春、仙游、莆田、福清、长乐、永泰、福州南。

三、丛书各册古建筑点遴选及条目编排，遵循如下原则：

1. 各册所收录古建筑，大部分是省级以上文物保护单位，再酌情收入具有特色风格的其他类型古建筑，力求既突出地域特色建筑，又体现兼容并蓄风格。

2. 同一种古建筑类型，综合其地域分布、平面布局、构造风格、构建年代、使用功能、艺术特色、保存现状等文物价值进行择选，同时兼顾古建筑的历史人文内涵。

3. 丛书只收录传统建筑类型，近代纯粹南洋风格建筑不列入选目范围。

4. 各册条目编排，《古道亭桥》一册，按古道线路顺序编排。其他各册，有分类别的，按类型编排，各类型之下，一般按行政级别、行政区划顺序再排；

没有分类的，则直接按行政区划顺序编排。

四、丛书各册有关稿件来源及审定情况：

1. 丛书 5 册的概述及每一处建筑说明，由各分册主编撰写，并经丛书编委会审定。

2. 丛书的散文随笔，由省作协、各设区市作协等单位向全省各地作家征集组稿，并经遴选，最终由丛书编委会审定。

3. 丛书的图片，由省作协与摄协、各设区市作协与摄协、省党史和方志办、省文物局等单位及丛书专家、作者提供，并经遴选，最终由丛书编委会审定。

福建古建筑丛书编委会

2020 年 6 月

概　述

李华珍

　　素有"东南山国"之称的福建省内崇山横亘，峻岭绵延，仅东南沿海平原比较平坦，海岸线曲折，多深水良港。闽江、九龙江、汀江等大小河流蜿蜒其间，流程短而急。自西晋"八姓入闽"始，伴随着历史上每一次大动乱，都有大批中原移民一路跋涉、辗转各地后由水陆两路入闽。这些移民入闽后，大多选择溯溪流迁徙，定居在河岸平原、山间盆地、山麓河口等地，不仅带来了各自不同的原乡文化、语言习惯、生产生活方式与居住方式，也糅合了迁徙过程中逐渐被迁徙地同化的大量文化习俗。这些不同的文化族群进入福建后散布各地，因关山阻隔，沟通交流不畅，逐渐形成了各具特色的语言、风俗与习惯，有些地区甚至出现"十里不同俗，五里不同风"的现象。福建各地的府第民宅也因此呈现出丰富多元的形态。

　　福州地区主要指原先福州府"十邑"的范围，历来是福建的政治中心，明清以降，其经济与文化的中心地位也逐渐凸显。正因如此，福州官宦云集，名家辈出，叶向高、陈若霖、林则徐、沈葆桢、陈宝琛、黄乃裳、林森、萨镇冰、严复、林纾、高士其、冰心等，不胜枚举。三坊七巷、朱紫坊成为他们的聚居地，上下杭街区则随着五口通商的契机成为商家大户的活跃之所。这些官商富户建起了规模宏伟的府第大宅。一般为多进多落的天井式民居，中轴建筑规矩，由门头房、厅堂（有的有前厅、正厅等几个大厅）、后堂或后楼组成，常见面阔五间、明三暗五做法，天井宽敞，三面环廊。主厅堂往往在明间采用插梁减柱造或四梁扛井造，当心三间通敞；厅堂前廊、门廊与边廊也往往采用扛梁减柱造，用料足，空间高敞，尽显官宦人家的气派。在侧翼往往另建别厅、书厅、园林、下人房甚至戏台等建筑，组成了可居、可观、可读、可赏的功能齐全的建筑群，体现了仕宦的审美情趣与人生哲学。这些府第内部用料讲究，精雕细刻，外观以城市瓦砾土夯筑而成的马鞍形封火墙则随着木屋架高低起伏，前高后低，前短后长，山水头高高起翘，翘首向天，其流线型的线条优美流畅，有别于其他省份的民居封火墙，成为福州民居的一张名片。福州郊区如闽侯、闽清、永泰一带的府第民宅，多仿照福州民居而建，只是因地制宜地发展出了一些变化。闽清、闽侯、永泰等县市民居为了加强防御，发展出了居防一体的寨庐、庄寨民居，规模更宏伟，封火墙穿上了“挂瓦衫”，线条更加夸张恣肆，造型也更加丰富，如意形、官帽形、一字迭落形等花样繁多，高低错落，天际线富有变化。连江、福清、长乐一带沿海的渔村则建造起了防风防沙的砖石民居，体量不大，采用砖、石、夯土（或土坯）间砌墙体，构造灵活自由，色彩丰富，与地形结合散落于海湾或山丘之间，像是撒落于海边山丘的珠玉。

宁德地区的民居以楼居为主，其府第民宅一般以主座厅堂为中心，前后设天井，天井前往往又设门廊或门厅，组成三合或四合院楼居。主座厅堂多二至四层不等，宽面阔，大进深，“一脊翻两堂”，前厅后堂的进深都较大。福安一带的大型民居还在两侧梢间或尽间的当心间设与主厅垂直方向的偏厅，成为“四厅相背”的空间格局。福鼎一带的闽东大厝则通过天井中的插屏墙将面阔七至九间的建筑分隔成三列并列的空间，以避免逾矩，极有地域特色。宁德民居多以悬山顶为主，山墙面层层设披檐；正面屏风墙或为青砖匡斗墙，或为夯土墙面上拍精细的三合土，其墙体造型或圆，或方，或尖，或平，或迭落，与悬山顶纵横交错，鳞次栉比，高低起伏，非常有表现力。建筑内部以穿斗木构架为主，厅堂多做“重栋”屋顶，木雕精致细腻，灰塑彩画构图巧妙，文化气息浓郁，是当地的一大特色。

以木兰溪流域为中心的莆仙地区，也就是宋元以来兴化路、兴化府的范围，历史上文风昌炽，科举鼎盛，多世家大族，时人评价："莆，士大夫郡。"蔡襄、刘克庄、郑樵等人闻名遐迩。这一带多官宦府第民宅，通常规模宏伟，中轴建筑二至七进不等，面阔都很大，七间厢是其厅堂常见的面阔，有的甚至达到九、十一、十三间厢。厅堂一般又分为主厅与厢厅，主厅居中，为礼仪空间，厢厅位于两侧梢间的位置作为日常起居的侧厅，前后天井中以插屏墙相隔成为三个相对独立的院落，主次分明，儒家伦理秩序井然。中轴建筑两侧一般还有二至四条不等的护厝，构成一组庞大的建筑群，当地俗称"百廿间"房，十分有气势。其构造做法一般将插梁式木构架、穿斗式木构架与硬山搁檩造相结合，明间与出廊的位置使用木构架，其他为硬山搁檩造，墙体以夯土墙居多，为保护墙体还发展出了红瓦"挂瓦衫"的做法。但凡能用到木料的地方无不精雕细刻，繁缛堆砌，并施以彩绘或镏金，富丽堂皇。其建筑形式深受闽南一带民居影响，也用红砖白石橙瓦，三川脊的屋脊在当地说法中则有文脊与武脊之分，文脊造型类似文人所戴"生巾帽"，武脊为燕尾脊，起翘较高。

以厦门、漳州、泉州为主的闽南地区面海而生，宋元以来泉州港、月港、厦门港先后成为中国海外贸易重要的港口，闽南人下南洋，上琉球、日本打拼，发家后大都回乡建房。各国商人也纷纷涌入该地，"人物庶繁，驿道四通，海商辐辏，夷夏杂处，权豪比居"。南洋、欧洲等地的建筑风格随之进入闽南，形成了中西合璧的红砖建筑文化。闽南大型的府第民宅通常被称为官式大厝或"皇宫起"，其中轴往往是三间张或五间张的双落或三落大厝，两侧辅以一至六条不等的护厝（或称护龙）。主座一般南北向，护厝东西向，面向主座开门窗，中间隔以狭长的天井，天井中设过水廊或屋与主座连通，有些护厝前转花厅，轴线清晰，主次分明。民居天井较宽敞，面向天井广设宽廊，大出檐，既保留了中原建筑规整大气的形制，又兼顾了亚热带建筑通风、防潮、遮阳的需求。其红砖白石燕尾脊的建筑色彩鲜艳，对比鲜明，非常具有识别性。砖雕、石雕、木雕、嵌瓷、交趾陶的装饰琳琅满目，华美张扬，体现了当地经济富庶后人们比较外显的审美特性。硬山搁檩造、插梁减柱造与穿斗式木构架相结合的构造做法，既营造了大户人家需要的宽敞气派的空间，又结合了闽南当地物产（盛产砖石，木料相对匮乏）的特点，兼顾了体面与实用。

与明清时期建宁府、延平府、邵武府的范围大致对应的闽北地区是福建开发最早的地区，也是中原移民最早进入的地方，与中原地区和浙赣都保持着密切的交流与联系，到唐末宋元时期发展到盛时，"惟昔瓯越险远之地，为今东南全盛之邦"。闽北也是福建理学名邦，宋时，将乐杨时、建阳游酢将程颢、程颐的二程理学传入当地，朱熹将其融会贯通，发扬光大，成为盛极一时的闽学。一时间闽北书院林立，从者甚众，业儒仕宦之人辈出，大量官宦府第民宅也就应运而生。闽北林木资源丰富，山多田少，人民靠山吃山，将林木顺闽江而下贩运各地，因此也出了不少的富商大贾，建起了高墙大院。南平峡阳、顺昌一带的土库民居是其中比较有代表性的。受浙赣民居风格的影响，闽北民居的基本单元一般以狭小的天井为中心，四面围合前后厅堂与两厢（多为两廊），厅堂面阔以三开间为主。土库民居一般是由多个这样的单元空间前后左右拼连成的多进多落的大型民居，内部廊院相通，前后厅堂之间的天井中常设置过水亭，既实用美观，又增加了空间的丰富性。土库民居外部则以高耸的青砖匡斗墙围合，封火墙做成迭落的马头墙形式，强调防御性与封闭性；一些大型的土库民居内部各进各落之间也以青砖匡斗墙分隔，以便防火。民居正立面往往做精美繁缛的砖雕门罩或门楼，不同于福建其他地区民居立面。闽北民居内部全部用穿斗式或插梁式木构承重，木料用材硕大，圆作与扁作相结合，梁枋多作月梁形，挑檐多用象鼻拱或鳌鱼拱，木雕简洁，线条粗犷，不施油漆，体现原木本色，显得朴实简洁。闽北盛产木材，武夷山地区民居甚至连柱础都用硬木，十分有地域特色。有些地方甚至出现了全楠木厅，比如建阳书坊的陈氏民居。

以三明尤溪、沙县、永安为中心的地区，是鹫峰山—戴云山—博平岭山脉的主体区域，山高林密，交通阻隔，自给自足，逐渐形成了各自的文化、习俗、方言与建筑形式。这里地狭人多，建筑缘山而建，单体面阔宽，进深大，楼层高（一至三层），悬山顶，大挑檐，多披檐有层次，空间组合丰富多变，与地形结合巧妙，具有山地建筑的典型特点。民居多以木构架承重，以灰板壁与木板墙分隔空间、围合墙体，白墙黛瓦栗木色，色彩清新雅致，与山林背景融为一体。民居外观素雅，但内部木雕十分精细，驼峰、穿枋、插拱、雀替、坐斗、替木、门窗等部位几乎无一不雕，而且擅用镂雕，线条婉转细腻，构图巧妙，为福建民居木雕的佼佼者。其壁画装饰亦为一绝，擅工笔，色鲜艳，画传神，尤溪的大福圳民居、玉井坊郑氏大厝的壁画都极具代表性。

地处闽、粤、赣三省交界的闽西地区，主要指原汀州府所辖的范围，亦即上杭、永定、连城、武平、长汀、清流、宁化、明溪八个客家县。客家人实际上是较晚（约在唐宋之间）迁入福建的中原汉人，他们先后辗转流徙到淮河南北、长江中下游地区，而后才入闽。背井离乡的客家人有着浓浓的祖先崇拜的情怀，他们在颠沛流离中特别渴望能够拥有一个几世同堂的安居家园。他们在当地的生存资源争夺中也深刻体会到家族团结的重要性，聚族而居也就成为他们自然而然的选择。闽西一带除土楼外广泛存在的九厅十八井的府第民宅就是这种选择的物化体现。

九厅十八井民居实际上是堂横屋的空间模式，"九"和"十八"也只是泛指民居中的厅、井数量之多，"三堂两横"是最常见的形式，又发展出"三堂四横""三堂六横"或四堂、五堂与若干横的不同组合。三堂为家族公共礼仪空间，下堂、中堂空间打开融合，为崇宗敬祖、家族议事以及红白大事之用；后堂则为女眷集会交流之所。有些民居后堂后加建背厅，其间以实墙分隔，为雇工佣人所用。下堂前设内、外雨坪，中间隔以门楼，外雨坪用于打谷晒物、强身练武；内雨坪左右两侧设花厅，以镂空的照墙相隔，或为私塾，或为书房，作为主人教授子弟、吟诗会友之所。横屋面向三堂而立，以狭长的天井和过水屋分隔、联系空间，是家族中各个小家庭炊沐饮食之处。客家有"三分厅堂七分门庐"之说，民居门庐比较奢华，多为三间或五间牌楼式，或木构，或石构。木构牌楼则斗拱钩心斗角、层层叠叠，屋顶飞檐翘角、高低参差；石构牌楼则庄重气派。民居外墙多为青砖匡斗墙围合，内部以穿斗构架承重，大木构架大气简洁，槅扇、槛窗则精雕细刻。这些木雕与石雕、灰塑、水墨画、诗词、联文等装饰相结合，繁简得当，恰到好处。这种民居的采光、通风、排水功能优越，空间主次有序，满足其聚族而居的需求。

福建各地民居异彩纷呈，其丰富性、多样性与历史延续性在我国民居建筑中独树一帜。这些建筑既蕴涵着天人合一、宗法礼制等深厚的中国传统文化内涵，又充满着浓郁的人情味与独特的地域特色，是中国传统建筑文化中的瑰宝，具有重要的历史、文化、科学与艺术价值。

限于篇幅，本书无法求全，只能择其要以期窥斑见豹，疏漏之处难免，尚请读者诸君批评指正。

Contents 目 录

Contents 目 录

Contents 目 录

①福州黄巷郭柏荫故居
②福州衣锦坊郑氏府第
③闽清宏琳厝
④长乐九头马民居
⑤闽侯水西林建筑群
⑥闽侯白沙永奋永襄厝
⑦永泰嵩口德和厝
⑧柘荣凤岐吴氏大宅
⑨屏南北墘佛仔厝
⑩莆田大宗伯第
⑪涵江凤门林氏大厝
⑫涵江江氏民居
⑬仙游海安朱氏民居
⑭南安蔡氏古民居
⑮南安中宪第
⑯南安林氏民居
⑰安溪湖头景新堂
⑱泉港土坑旗杆厝
⑲晋江钱头状元第
⑳永春岵山福兴堂

㉑漳州蔡氏民居
㉒漳浦蓝廷珍府第
㉓武夷山下梅大夫第
㉔南平峡阳大园土库
㉕光泽崇仁袤氏民居
㉖建阳书坊陈氏民居
㉗顺昌元坑陈氏民居
㉘邵武中书第
㉙邵武金坑儒林郎第
㉚尤溪玉井坊郑氏大厝
㉛尤溪大福圳民居
㉜沙县大水湾陈氏大厝
㉝三元龙安骑尉第
㉞永安沧海龙德堂
㉟长汀三洲戴氏民居
㊱长汀馆前沈宅
㊲长汀中街李氏下大屋
㊳连城芷溪集鳣堂
㊴连城培田村官厅

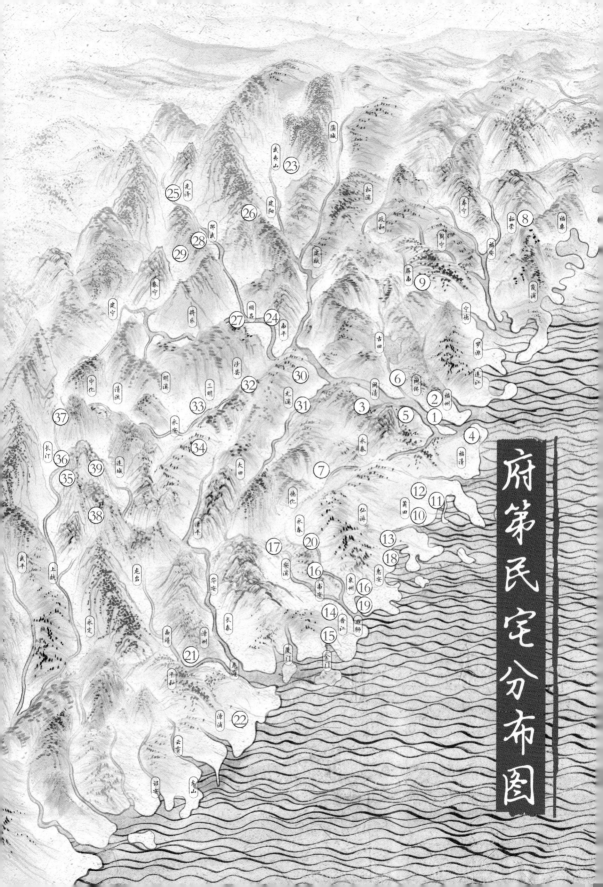

府第民宅分布图

福州黄巷郭柏荫故居

郭柏荫故居，又被称为"五子登科第"，踞于福州市鼓楼区三坊七巷的黄巷与塔巷之间，带有明末清初建筑特点。据传原为官府衙门，辗转至清后期为郭柏荫家族所购，因郭柏荫曾官至广西巡抚、湖北巡抚，署湖广总督，该宅以其名显。

　　该宅坐北朝南，规模宏大，占地面积2130平方米，由主座与侧落花厅组成。主座前后共四进，一进门头房临街，六扇五间，明间为仪厅，中设插屏门。门头房后为最重要的礼仪空间——主厅堂院落。主厅堂面阔五间，进深七柱，明间缝架采用四梁扛井构造（抬梁穿斗混合式构架），扁作，用料厚实；前庭院宽敞，三面环廊，条石铺地。其后的第三进为六扇五间双层楼，进深七柱，穿斗构架，为内眷活动与居住的主要空间。三进楼前后天井正中设带精致美人靠的覆龟亭，既可遮阳避雨，又闲适宜人。主座四进位于中轴线偏西的位置，面阔三间，进深五柱，前带小天井及双撇舍，是一个偏安一隅的幽静小院。主座东墙外为侧落花厅，与主座同向。花厅面阔三间，空间通敞；花厅前为园林，内有假山、鱼池、花亭、大树等，颇有几分江南园林的韵致。

　　郭柏荫故居既有衙署建筑的规制，又不失文人住宅的雅致；既保留了明末清初建筑宏大的空间格局与构造做法，又融合了晚清建筑的精致细腻。2006年作为"三坊七巷"建筑群之一，被公布为全国重点文物保护单位。

🔖 黄巷郭氏民居昔今

郭　震

远在民国时期，黄巷，在福州城里已声名显赫，民国市政府曾在巷口立了一方碑铭，上书："黄巷，晋永嘉间，中原黄氏入闽居此，故名。巷长三百零六米。唐学者黄璞归隐于此，黄巢兵过，以璞儒者，戒无毁，灭炬而过。明户部尚书林泮、侍郎萨琦、清巡抚李馥、知府林文英、榜眼林枝春、经学家陈寿祺均居此巷。清道光江苏巡抚梁章钜私家花园（小黄楼）保存完好。湖北巡抚郭柏荫因兄弟五人皆中进士与举人，被誉为'五子登科'，其故居位于巷东头。"

清咸丰元年（1851年），郭阶三"五子登科"后，他喜不自禁，制作了一块"五子登科"牌匾，立于锦巷自家门首。后其孙郭式昌购得黄巷大宅，此匾又被移

黄巷郭柏荫故居外观／王立涵 摄

于黄巷老宅前直至1949年。新中国成立后，这块牌匾便不知所终。直至数年前，三坊七巷管委会又仿制了一块"五子登科"牌匾挂在门上。

郭氏民居面积2000多平方米，三落透后，五间排。大宅正面有六扇门，面阔廿余米。入大门，照墙左右有轿房，相当于现今的车库。进门后左右有廊道，连接二、三进之间有覆龟亭，亭两旁有美人靠，外侧两个四方的小天井，植有花草，还有水井。过覆龟亭即进入相对独立的二层之藏书楼，藏书楼历经战火，所存图书已经不多。整个楼亦摇摇欲坠，故族人将图书转存省图书馆，而将三进大门紧锁。大宅所有廊道上方都有雨遮，下雨天不必撑伞即可从正门直抵位于塔巷的后门。该宅近年修复之后，首进厅堂正中高悬"惇德秉义"横匾；前廊两柱间之木制楹联题曰"入琼林玉树中皆宝，有仁心慈德者为祥"，落款"远堂郭柏荫"；下钤二章：一曰"远堂"，一曰"郭柏荫印"。第二进前廊两柱间之木制楹联题曰"常惺惺法近理著己，活泼泼地吃紧为人"，系林则徐墨宝，于嘉庆丁丑（1817年）由阶平公自京城带回福州。因郭阶三师从林则徐之父林宾日，故他们关系密切，常有书信往来。这种友情延及后代，遂成姻亲与

郭柏荫故居正门／王立涵 摄

世交。在三坊七巷的十大景点中，此宅是规模较大的一座建筑。

　　我幼年时曾在此屋居住，留下的深刻印象是它的宽广与敞亮。1950年我离开它时7岁，大厅的柱石及我腰部，三进的门槛也高约70厘米。我三哥大我5岁，身体粗壮，他过门槛总是以跨跃跳的方式，随着"嘭"的一声巨响，人已从后厅落入前厅，而我则要贴着门槛翻身而过。这说明当年的地板是木板的，而非水泥地。翻修以后的郭氏民居将一进大厅左右的房间拆除，以增大厅的面积。这样，原来五间排的格局也被破坏了。另外，原来每个房间都有阁楼，这是福州大部分民居的制式。目的是为了防洪，旧时代福州几乎年年发大水。幼年时，发大水的情景依然历历在目，每每看到天井里的石缝正在往上冒水，大人们便急匆匆整理好衣被与干粮等往阁楼搬。过些天后水退，也是从天井的石缝溜走。而平时下大雨，也从来没有天井积水、"水漫金山"的现象。这说明老房子的排涝能力相当了得。

　　大宅的东头有花厅，儿时最高兴的事是在花厅玩耍。花厅园林是坐北朝南的三间排厅堂一座，前庭有造型别致的假山、水清见底的鱼池、小巧玲珑的花亭以及错落有致的树木。其中有一株珍贵的古羊婆树，所结之花籽，常一荚五颗，与"五子登科"相呼应，亦被人传为美谈。当时，从小孩的视角看假山，有几个小孩叠起的高度，致使我以为这就是真正的山了。

这个大宅与农村的大厝比较，后者反映了生产活动以及保卫私有财产的建筑文化，而前者则反映了儒雅的士林阶层的建筑文化，它不设防，通透，敞亮，为文明的织造提供了相应的空间与环境。记得那时每进天井都安放一米多高的大鱼缸，上覆铁丝网，以防大鸟啄去缸中的金鱼。小孩要踮起脚尖才能看清缸中的鱼儿。那时，每家的灶台都有一二平米，看着母亲在灶台与案板间进退回旋，使人联想到探戈的优美舞姿。我最高兴的事莫过于冬日里，坐在灶口，一边往灶膛内添柴，一边看着红彤彤的火苗在灶膛里欢快起舞。温暖与有趣便带来愉悦之心情。大宅里住着二十几户人家，小孩子的玩伴很多，玩的花样也多，又没有作业的压力，因此，儿时的我有满满的幸福感。

黄巷四号的空间足够大，栖身其间，人们漫步于廊道，或读书写字，或吟诗作对，或莳花弄草，时不时各种灵感便油然而生。因此，从这个屋子里走出了不少著作等身的学者。

现仅存之黄巷四号宅，成为郭阶三后人的精神家园。2015 年春，来自全球的百余位郭氏后人齐聚郭氏祖宅寻根问祖，其中有 99 岁之老翁，亦有四五岁之孩童，热闹场面甚为感人。

对于这座古色古香之大宅，社会上存在许多误解，皆认为此宅为郭阶三或郭柏荫所购，但留有文字记录的是，该宅为郭柏荫长子郭式昌所置。郭柏荫曾孙郭则沄所著《旧德述闻》卷四提到："按察公（即郭式昌）答兼秋公（即郭柏苍）寄怀诗，'竹林道左新茅屋'句注云：兼秋叔父于文儒坊居宅署为云间堂，余亦备黄巷小屋为侍奉之计。是知黄巷宅固按察公备以奉亲者，中丞公薨后，诸叔祖奉庶曾祖母居之屋。"

至于此宅之来历，文史界学者，皆指为明末官衙。笔者遍寻历史资料，皆找不到根据，倒是堂兄郭白阳在族谱上留有白纸黑字："……介平公卒于通贤里（即境巷，以巷口有境得名，现改锦巷），广积营宅现已拆成平地，锦巷

郭柏荫故居厅堂立面 / 王立涵 摄

现为商业厅宿舍。吾家当年所住，属该屋之前二进。嗣中丞公购黄巷屋，屋为雍正时广西巡抚李鹿山先生所建，因案入官，李题其堂额曰'敬业堂'。中丞公得是屋时，改蔡镇题联（蔡联为'家传五色笔，人仰九霄松'）为'案有传家笔，门多问字车'，榜于衢柱。兼秋公得玉石山房，集'无诗可比颜光禄，此地应归郭令公'为楹联……"（郭白阳于1956年去世，以上文字系1950年代初所作。）

因此，有案可查的是该屋为清雍正年间所建，因带有明朝之建筑风格，遂被学者认定为明末建筑。

郭氏大宅虽仅有二三百年历史，却饱经沧桑。郭则沄追述此屋时，曾提及："自光绪年间，式昌公购黄巷宅奉父母，晚年回乡亦居是屋。大宅凡四进，左偏为厅事及书室，周以风火墙，甚固。一日，左邻不戒于火，其前店屋已烬，眷口数十困于后院不得出，共呼我家拆墙救之。家人虑墙拆火及，决于按察公，公曰：焉有见危不救者？苟有天道，火必不及墙。既拆，脱数十人于厄，而火随至，延及厅事，猛忆在鄂时，有黄鹤楼道人赠符，云可辟火，亟取而焚之，风立转，余屋获全。戚友来视者咸曰：是有天哉！计祝融所及者，厅事书屋数间，而中丞公藏书烬焉。"

自清末至民国，此宅一直由郭阶三后人居住，是一书香门第，从其中走出了许多知名人物，最典型的是藏书家郭名昌。

遗憾的是1941年福州沦陷期间，大宅被日寇侵占，成为日宪兵司令部，在宅内囚禁、虐待、杀戮了大量福州居民，给此宅留下沉重之一笔。因此郭氏

郭柏荫故居屋檐装饰／陈成才 摄

民居也是一个民族苦难史之见证者。

　　1950年后，此屋被政府收购。2006年春节，我走访黄巷四号，历经波折之后的老宅状况令人唏嘘。所幸年后，福州市政府即启动三坊七巷的改造工程。数年之后，一个被誉为明清古建筑之活化石，呈现福州的历史之源、文化之根的街区便诞生了。

　　沐浴着改革开放之春风，黄巷四号郭氏民居在不断变换着自己面貌之后也迎来了她的新生，展现了她最为美好、最为温馨的容颜。

福州衣锦坊郑氏府第

郑氏府第位于福州市鼓楼区三坊七巷的衣锦坊东段北侧，始建于明万历年间（1572—1620年），原为当地乡绅宅第。清嘉庆年间曾为进士郑鹏程的住宅，故名。清道光年间为孙翼谋家族所购，此后长期为孙氏产业。

府第坐北朝南，占地面积达2746平方米，三落三进。主落居东，中轴对称布局，是主要的居住与仪礼空间。别院居中，由花厅、天井、书房等构成。西落为花厅园林，是主人休闲、待客、娱乐的重要空间。

主落一进为面阔三间的门头房。二进保留了明代的空间格局与构造做法，天井宽敞，三面环廊，厅堂面阔三间，进深七柱。三进厅堂采用"明三暗五"做法，面阔五间的厅堂次间与梢间的缝架对应的天井位置设围墙，三面环廊；围墙外侧设小天井与暗撒舍，同主座梢间相对应。

西落的花厅园林是其精华所在。前后三进，一进为临街门头房，二进为花厅园林。园林以60平方米左右的水池为中心，池中游鳞穿梭，池上水榭戏台跨水而建。戏台坐南朝北，三面环水，小歇山顶飞檐翘角。戏台周边栏板木雕精美，戏台内的方形藻井与隔水传声的做法，使得声音更加圆润动听。戏台两侧小桥流水、假山、六角亭、雪洞等高低参差，错落有致，花木葱郁，点缀其间，充满意境。戏台后墙设廊屋，可作为演员休息、化妆空间。戏台对面是两层面阔三间的花厅，上下楼的楼梯则藏在雪洞中，别致精巧。

该建筑既有府第民居的庄重规矩，又有园林建筑的灵动飘逸，还不失书房花厅的幽静雅致，综合了明、清、民国建筑特点，可居、可观、可游、可赏。2006年作为"三坊七巷"建筑群之一，被公布为全国重点文物保护单位。

水榭戏台掠美

艾 奇

水榭戏台是福州三坊七巷藏掖着的一颗明珠。

岁月尘封，戏台静立水中，沉寂多时，但岁月的风霜依然掠不走它的神韵。飞檐临空、翘角钩月，风采依然。临水顾影几百年，雅致且古朴的风姿依旧勾魂摄魄。历史裹满尘埃，淡去了戏台最初的生命，但恢宏的架势和瑰丽的构筑还是深深地震撼了我。

泻在花厅内的金秋暖阳柔柔地给戏台镀上一层神秘色彩，数百年间的故事就在这片片金光里闪烁。水榭戏台是研究明清时期福州官绅生活、民间戏剧和节庆的实物资料，也是研究福州古民居建筑极为重要的遗存，在全国都占据

郑氏府第水榭戏台/梁知龙 摄

郑氏府第花厅内部 / 梁如龙 摄

独特地位，故被奉若珍宝。2006 年 5 月，水榭戏台被公布为全国重点文物保护单位。如果说三坊七巷是福州的一张名片，那水榭戏台就是三坊七巷的一张名片。

整个戏台都建在水面上，主体为杉木结构。屋脊灰塑，工艺牢固精湛，取材用料呈现了地方特色。四根杉木柱子有力优雅地挺举着整座戏台，檐角高翘所呈现出的建筑弧度，犹如演员水袖舞空般柔美夸张，亦像一只归巢鹰隼欲张还收的翅膀，充满力感。建筑风格端庄而不失灵动。古色古香的斗拱花雕和戏台底座历史人物寓意雕刻相互辉映，朴素中见大气，既热烈了戏台的装饰，也装点出了宅主的文化品位。戏台面积约 30 平方米，四角形，与花厅相对，中间隔着天井。坐在花厅里放眼戏台，观众的视角与观赏的空间距离恰到好处。戏台尺度虽受限于花厅的规模，但显得玲珑雅致。矗立戏台的水池面积约 60 平方米。方形藻井顺着戏台圈围，上面刻有精美绝伦的团鹤与蝙蝠图案，谐音暗喻吉祥美好、福寿安康，寄寓了宅主的愿望和追求。最令人拍案叫绝的是，

郑氏府第园林景观 / 梁如龙 摄

郑氏府第内部 / 梁如龙 摄

池水为地下涌泉，且清澈见底，常年不干，不仅能净化周边空气，还能与戏台的藻井形成环绕效果，把声音清晰地传到观众席。据说池水还会随江潮起起落落，人们在这里观剧便能先知潮汛。将戏台建在水上，不仅显示拥有者身份高贵，更体现出戏台设计者的睿智。

"谁知五柳孤松客，却住三坊七巷间。"近代诗人陈衍的名句透露出了三坊七巷的原居住群体以士大夫阶层为主，他们在清幽的环境里过着闲适的生活。既然闲适，戏和戏台就尤为重要了。无台不成戏。清中叶是福州地方剧种闽剧发展的鼎盛时期，当时社会上流人士大都喜欢附庸风雅，在朱门里营造戏台不单是家境殷实富有的体现，更是为彻夜狂欢提供便利。水榭戏台的宅院在清道光年间为孙翼谋家族所有，之前系郑氏家产，水榭戏台应该在郑氏时就有了。孙翼谋是清咸丰二年（1852 年）进士，曾任安徽宁国知府、安庆知府，不久升两淮盐运使，转浙江按察使，后又升湖南布政使，在任广布善政。孙翼谋病逝在湖南布政使任上。史载：丧还之日，民赴送者塞于路。水榭戏台也因花厅主人的声名而更引人瞩目。

如果单单是一个戏台，再怎么临水摄趣，最多也只能算是个精巧摆件罢了，体现不出宅主的儒雅风趣和设计建造者的灵性蕴含。水榭戏台之所以令人惊叹，不仅仅在于技艺的精湛、构思的绝妙，还在于花厅的整个布局都浸染着富于民族特色的文化气息。花厅位于戏台的正对面，重檐歇山顶，双层楼阁，是主人聚会、宴客、品茶、听曲、看戏的娱乐场所。戏台左墙角设计有一个精巧别致的小酒亭。宅主也许经常选择在花影扶疏之夜烫一壶小酒，在那里放飞柔美心

郑氏府第花厅外观 / 梁如龙 摄

境，与月"对影成三人"，或时不时邀三两好友对酌共饮，临池微吟，但现在都不得而知了。闲时亦可在假山通透式酒楼上凭栏眺望池中穿梭的锦鲤、戏水的金鱼，空灵性情。假山上雪洞衬着鲜花的景观设计，聊以娱情，在花厅静坐时面对空旷戏台便不会有人去楼空的感觉。直通花厅二楼的曲径巧妙地隐藏在假山里，蕴含"峰回路转"之意。男宾们在花厅一楼品茶、听曲，女眷们则聚在楼上看戏，充分体现了那个时代男女有别的等级制度。花厅内所有景点注定要为水榭戏台陪衬，烘托中更显水榭戏台的情韵。我在惊叹花厅巧妙布局的同时，深深地被宅主的大家风范所折服。

面对精雅别致的水榭戏台，心头袭来阵阵苍凉感。戏台今犹昔，但再也难觅当年的水袖流转人。花厅当年因水榭戏台而热闹非凡，宅主办春酒、婚喜庆及宴请宾客时，都在水榭戏台上动锣振鼓助兴。各色名角台上咿呀出镜，引腔写意；贵宾台下正襟危坐，见景生情。岁月无情，终究曲终人散，如今空留戏台，让人发思古之幽情。

大概为了让游客感受水榭戏台的浓浓古韵，那天，三坊七巷管委会特意安排了一出古琴独奏。但见琴女纤指弄弦，清丽铮然之音立即回荡花厅，沁人心田，犹感盛世唐宋遗风、明清繁华喧闹。情正浓处，琴声戛然而止，女琴师起身礼节性地微笑鞠躬谢幕。那情形久久地定格在我的脑海里。

闽清宏琳厝

宏琳厝，位于福州市闽清县坂东镇新壶村，由清乾隆年间药材商人黄作宾及其长子黄宏琳历时 28 年（1795—1823 年）建成而居。2005 年被公布为福建省文物保护单位。

　　宏琳厝坐西南朝东北，南有连绵起伏的柯洋峰，北有演溪蜿蜒而过。占地面积约 17 800 平方米，为典型的四堂四横的堂横屋形式，是福州地区规模最大的古民居建筑之一。中轴线上由三个院落加后楼组成，各进院落之间隔以横街与封火墙。一进院落三合院，居住家中小辈，天井两侧的子院（三合院）为教育场所。二、三进院落为相对独立的四合院，正座八扇七间，采用"明三暗七"的做法。二进院落由当家人居住，主座前轩廊用半高的榻扇围出半开放空间用于收租；天井两侧的子院为客院。三进院落为家中长辈颐养天年与祭祖的场所，天井宽敞，厅堂面阔特别大，采用四梁扛井构架。中轴建筑两侧各做内外两条二层的横厝，与主座之间隔以高大的封火墙、狭长的天井、水圳与侧廊。

　　宏琳厝之细节处理也让人惊叹。主座与内外横厝之间建造水圳，引入山泉水供日常洗涤与防火之用，水圳下设计 47 个窨井防止泥沙淤塞。院落之间、横厝之间广设封火墙、横街、墙弄与长廊、覆龟亭、过水廊、天井，既可挡雨遮阳、对流通风，又有利于防火。每进横街两侧设下马间，停放马匹与轿子，利于出行。所有卧室都用木地板架空，地枕处开猫退，可以防潮，又可以让猫进入捕鼠、防蛇虫等。为防止匪患，宏琳厝四周建起高高的封火墙，并建造高耸的碉楼，设置梯形窗、枪眼。

　　宏琳厝立面虎头门墀头翘首向天，碉楼、风字形马鞍墙纵横交错，高低错落，富有节奏感与韵律感。无论是主座、子院还是横厝都广施假回水和前廊轩，木雕题材多样，技艺精湛。山水头、挡水墙等彩绘、灰塑清新淡雅，艺术水平很高。

寻找宏琳厝里的故事

萧　何

仲春时节，满目葱茏，车在绿水青山间欢驰。从城区上高速，也就一个小时左右便到了闽清坂东镇，看到了一个"宏琳古街"门楼。

古街看起来荒废已久，店门大多铁将军把守，墙上还留着大水漫过的痕迹。古街尽头，是一大片水泥铺就的广场，而广场的那一头，是一溜排开的灰白色围墙类的建筑，那应当是宏琳厝吧。走近，见正门的左右两侧各立着两块石碑。右边，一块表明宏琳厝是县级文物保护单位，立于1997年；另一块，说明宏琳厝是省级文物保护单位，立于2005年。左边，一块记的是，2001年央视和福建电视台等联合各单位合作拍摄了宏琳厝纪录片《祖屋》，该片参加第三十四届美国国际影视节奖项评选，获得最高奖"银屏奖"，这也是中国纪录片首次获此殊荣；另一块则立于2014年，上书"项南住所暨《抗日救亡》周刊编辑部旧址"，为闽清县人民政府所立。

宏琳厝很大，17 000多平方米，666个房间，这是一个什么样的概念？如果没有人带路，十有八九在里面是要迷失方向的。于是，我们赶紧尾随着先我们而进的几位，看他们在看些什么说些什么。

"这里是我小时候住的地方。""我和小伙伴正是在这里一起捉迷藏的。"看来，对这里的一切，他们是那样的熟悉，就像我自己回到老家看到老宅时的样子。我们继续跟着他们走进了西面的一个院落。"这些房子住起来可是真正的冬暖夏凉啊！"说这话的人，自豪的神情在眉间飞舞。我见机插话："这里都是你们曾经住过的？当时这里一共住了多少人啊？"其中一位干部模样的答道，当年住过多少人不好算，因为进进出出的，上千人总是有的。祖上黄作宾

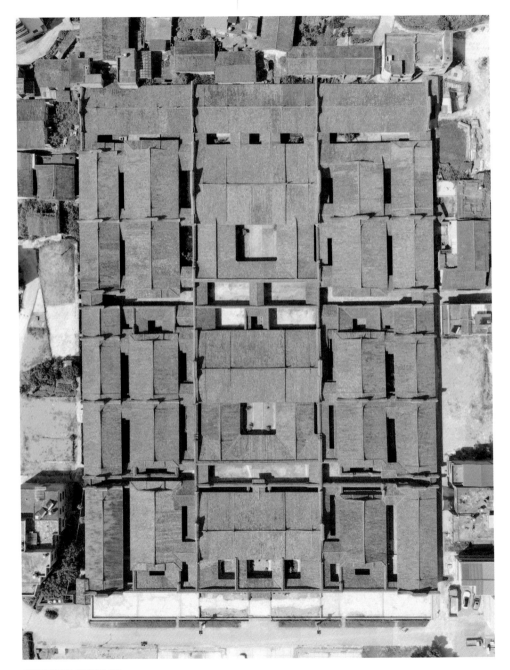

鸟瞰宏琳厝 / 李华珍 摄

公生了四个儿子，宏琳是老大。黄家到今天已经繁衍了十一代。黄家后人都很团结，也多有作为，古代就不说了，解放战争时期也出了不少干部，有的还担任过部级领导呢。

这个人自然也姓黄，他看我们听得认真看得仔细，兴致也越来越高，就说：这样罢，我带你们转转。于是，他带着我们穿行在这座偌大的古民居里，一边走一边对着建筑向我们介绍起了这一古厝的独特魅力。

宏琳厝横厝过水廊与美人靠 / 李华珍 摄

宏琳厝的布局形态是"一纵一横"。"一纵"，即三进正厝在一条中轴线上；"一横"，即横厝、外横厝在中轴线的左右两侧，形成左右对称、前后贯通之气势，给人以庭院深深回环往复之感。

第一进依次为虎头门、屏门、天井、环廊、正屋，环廊外侧为私塾院落；第二进屏门后是天井，天井前为廊道，左右是客院，天井后侧为正屋，一进二进院落之间有一条横街相隔，横街中间有甬道，横街两端为下马间；第三进与第二进的模式一致，但第三进的建筑要比一进、二进宽敞明亮，装饰也更加考究。宏琳厝三进主建筑面宽均为五开间，房舍错落有致，厝内廊回衢转，楼上楼下四通八达。我们抓紧上楼看了一番，还真是别有一番味道。当年生活在这样的宅子，想必真是悠闲自在，尤其是孩子们，那是有无穷的乐趣，就捉迷藏一项，就够刺激了。

老黄说，宏琳厝建筑最大的特点是，体现了中华文化的传统伦理——长幼有序、主从有别。宏琳厝第一进由家中的小字辈居住；第二进由家中的中字辈居住；第三进由家中的老字辈居住，这就是"长幼有序"。以正屋为中轴对

称旁开的建筑物称"横厝"，是女仆们生活的场所；横厝再向外扩展的部分就叫做"外横厝"，是男家丁们居住的地方，这就是"主从有别"。街、廊、弄、墙贯穿其间，做到了前后左右呼应有序。

说到这里，老黄有点神秘地问，你们猜猜看，在当年，我们祖上是怎么做到将宏琳厝设计、施工一气呵成的？停了一会儿，他给出了谜底，宏琳厝的建筑设计方案实际上是仿效皇家，据说参与设计的是皇宫里的人，也就是说，设计图纸来自皇宫。房子的设计都能与皇宫拉上关系，这也太牛了！想想刚才在第三进的大厅看到的悬挂着的清咸丰皇帝为宏琳厝题写的匾"紫薇銮驾"，不还在透露着这座老厝曾经的荣光吗？

老黄说，宏琳厝实际上是个很有故事的地方，可惜人们在这方面关注的还太少。说着，他把我们引到了一处外横厝。这里实际上也是一个小院落，回廊、天井乃至于放置花草的石台建筑物，一应俱全。我们进了一间不大的屋子，屋子墙上挂着一个牌子，牌上写着的文字就是我们在大门口见过的，"项南住所暨《抗日救亡》周刊编辑部旧址"，而且被省党史研究室授予"福建省党史教育基地"。

宏琳厝的建筑除了上面介绍的体现了儒家文化特色外，也体现了作为古代民居的防火、防盗以及生态宜居等特点。特别是防盗、防入侵的措施尤其完备，加上古厝面积大，位置相对偏僻，更重要的是黄氏族人中出现了不少的革命者，宏琳厝也成为了一处革命的据点。

早在辛亥革命时期，宏琳厝的黄岳申、黄镜人等人，在辛亥革命先驱黄乃裳（也是闽清人）的指引下加入了福建同盟会，发动了本厝的黄大杰、黄大昌、黄达吕、黄绍棠等加入福建学生北伐军，积极参加光复福州、推翻清朝帝制的战斗，因表现突出，北上南京得到了孙中山先生的接见。1914年，黄镜人积极传播新文化思想，还在宏琳厝开办了闽清县的第一家近代书局——中华书局。

抗战时期，从宏琳厝走出来的黄开修，曾在中共地下党创办的上海工人日报社担任通讯员。"八一三"后，他回到闽清，与胞弟黄开云一起创办了《抗日救亡》周刊。黄开云赴延安后，由堂侄黄育震接替，把《抗日救亡》周刊分发到了闽清各地，同时还寄往福州、武汉、长沙、延安等地。

1939年，项南带领的抗日宣传工作队，就住在宏琳厝黄开修家里，足足两个月。与黄开修一起组织了"闽清县战时民教流动工作队"，项南任队长，黄开修任指导员，在附近地区开展轰轰烈烈的抗日宣传活动，组织宣传演出，编印《战时民教课本》等。后来，项南遭到国民党当局的通缉，黄开修连夜找船送项南离开了闽清。

解放战争时期，有更多的宏琳厝黄氏族人在黄开修的带领下，开展了许多有声有色的斗争，为新中国成立做出了贡献。宏琳厝，也与革命、与红色紧紧联系在了一起。

项南担任福建省委书记后，曾多次回到宏琳厝，希望能把这个古厝的作用发挥好，为改革开放经济发展做更多贡献。20世纪90年代，得知宏琳厝是全国最大的单体古民居后，他欣然为宏琳厝题写了门匾。今天我们进虎头门时看到的"宏琳厝"匾，就是项南同志的墨迹。

宏琳厝厅堂/朱庆福 摄

还值得一提的是，宏琳厝的祖训——"勤俭崇文"四字还挂在堂上。宏琳厝始祖黄作宾是清代国子监的太学生，崇文重教，深得"立

身以立学为先，立学以读书为本"的真谛，非常重视子女的教育。他把四个儿子都送到县城文庙读书。后来，苦于后辈求学路途较远，他就在宏琳厝的不远处修建了文昌宫（魁星楼）。清嘉庆十六年（1811年）又为文昌宫加了围墙，取名"崇文学堂"。光绪二十年（1894年）为满足学生学习的需要，学堂进行了扩建，因学堂内有一口古井，便将学堂更名为"文泉书院"。宣统帝师陈宝琛还为此专门赐了墨宝，可见书院在当时的影响。1922年之后，书院成了文泉中学，后来又成为了现在的闽清二中。回望历史，宏琳厝对当地文化教育的贡献，也确实算得上是可圈可点的了。

路上，我问老黄对宏琳厝修复工作的看法。老黄说，2016年的那场大水几乎要毁了宏琳厝。但在政府的重视和社会各界的关注下，修复工作很快启动。这次整修，基本上做到了修旧如旧。作为后人，大家是感激不尽。

宏琳厝整修确实是一件大工程。我们发现，很多窗棂是整修过的，据说达到一千多扇，可见当年大水的破坏力。整修过的窗棂看上去虽新旧分明但也算和谐，雕刻工艺体现了一定的水平，各种主题的雕花，栩栩如生。

我们一起到了门口。老黄指着前方远山说，前面是案山，但可不是一般的案山啊，如果天气好，这案山可有好几重，连绵不绝！"柯峰似银屏护背，演水如玉带环腰。"宏琳厝背靠柯洋峰，面朝梅溪水。站在宏琳厝大门口东望，熙日虽被云雾遮得有点模糊，但远方山峦层叠的样子还是依稀可辨。据说，天气晴好时，至少可以看到七层的峰峦，渐次而上，让人浮想联翩。我心里想，五重案山已属了得，更何况七重乎？虽然过度硬化的广场有些煞风景，但凭借这么多看得见乡愁的形胜与构建以及珍藏着的故事，宏琳厝重现光彩是可期的。

长乐九头马民居

九头马民居位于福州市长乐区鹤上镇岐阳村福廷自然村，因建筑内围有九块马形岩石而得名。从清嘉庆到道光年间，由富商陈利焕子孙三代历经70余年建成。九头马民居坐北朝南，背山面田，五落五进，俗称"五落透后五落排"，占地面积约16 800平方米，是福州地区最大的古民居建筑之一。2013年被公布为全国重点文物保护单位。

　　当中落最早建造，四进院落有东西向、南北向的，有三间、七间的，有一层、二层的，形态各异，繁简不一。东西内两落为五进五间，中轴对称，是整个建筑序列中最规整的，雕饰也最精美，每逢红白大事，将所有的屏门打开，从一进直接透到五进，透视感很强。东西尽头两落规模更大。东尽头一落三进，一进花园已毁；二进院被称为"接官厅"，形制规格很高，面阔八扇七间，当心三间四梁扛井造，有衙署之风，为接待达官贵人的主要场所；三进坐东朝西，十扇九间，供下人居住和活动。西尽头一落最晚建造，现存为面阔七间的四合院，门厅被称为对朝厅，主座为米巢馆。五落民居之间既隔又连，正面组成一字型的立面，中落墙头上开13个悬挂宫灯的空窗，独具特色。五落之间以高耸的马鞍墙、冷巷相隔，内部井、院相连，门廊相通，既能防火，又有利于通风、防潮。其马鞍墙线条起翘夸张，造型多变，比福州其他地区民居的马鞍墙更有张力。

　　其木雕、石雕令人拍案称绝。木构架、槅扇等部位无不遍施木雕，题材多样；镂雕、浮雕、圆雕、透雕粉墨登场，构图巧妙，造型逼真，须发毕现，令人叹为观止。门廊或门厅内部屋顶上大量做藻井，造型不一，层次丰富，在福建民居中比较罕见。民居内的石雕、灰塑、壁画也毫不逊色，置身其中，宛如进入一座艺术博物馆，令人目不暇接，流连忘返。

绝版的盛世华章

佚 名

初识鹤上岐阳村的九头马，始于孩提时代。我的舅舅家就在岐阳村。九头马，是我儿时极称心的游玩之地，曾在它幽深的花园逮过红脚蜈蚣，在它斑驳的墙头掏雀蛋时掏出过小花蛇……

及至年长，也曾藏着或浓或淡的怀旧情结专程造访过数次。因此，好多年了，总想为遗世独立于现代水泥森林之中的九头马写几段文字。但是，九头马鸿图华构之恢宏气象，文化底蕴之沧桑厚重，每每让我叹为观止之余，又觉得自己浅陋散漫的文笔捉襟见肘，不知该从何处落笔。就像一个小学生，不知该如何复述一部皇皇巨著的精彩一样。

九头马小门楼立面／高锦强 摄

俯瞰九头马／陈建新 摄

该用什么恰当的辞藻来形容这一组庞大的清代建筑群落呢？"宏伟"也罢，"壮观"也好，如此等等，似乎都难免有拾人牙慧之嫌，有过气的俗。搜索枯肠，姑且就这样形容它：一部"旧版的线装《红楼梦》"，一篇"渐渐老去的盛世华章"。不知是否合适？

今天既然将九头马当作一部鸿篇巨制来阅读，那就且容我从它得名之来由说起吧——

鹤上岐阳之北，三山罗列如笔架：曰豹山，曰马山，曰鹤山。三山之南，沃野平川，水草丰美。传说孙悟空任弼马温时，就在此放牧天庭御马，岐阳山因此而改称马山。大圣随唐僧西去取经后，有九匹骏马遗落于此，游荡于田野，践踏庄稼，祸害乡里。后被龙泉寺高僧百丈禅师降伏，幻化为九块灵石，散落于马山之阳藉藉草野间，人称"九头马"。

隔数年，今日旧地再访，风景依旧。虽是十一长假，但游者寥寥，半天只有我一人逶巡徜徉于老屋幽巷里。九头马，犹如过气的古典美人，正在被眼下浮躁不安的人心所冷落淡忘。不过，世间总是还有人在心头钟爱着它。陈振陆老先生是我此行在九头马邂逅的第一人，也是一位能将九头马的前世今生烂熟于心的导游达人，四十年来不知道自愿为多少访客做过多少场的解说。

老人年近八旬，生于斯，长于斯，退休后又归隐于斯。见我真心真意喜爱这座古老的大宅门，陈老以主人特有的古道热肠当起了我的免费导游。

九头马建筑群，坐北朝南，封火墙墙脊高挑飞耸。平面呈正方形，五列五进，俗称"五落透后五落排"。各列院落并排纵向，对称推进；每进均呈大门、影壁、天井、厢房、厅堂、后院格局依次分布。各列之间单独成弄，以串心巷隔开，具有防火之功用。但是，每列山墙皆辟有框门，列列又可相通。五路院落，形成一个完整而又独立的建筑群体。除花园空地，现在实存院落22座。

陈振陆老人告诉我：这组古民居之所以取名"九头马"，就是因为陈利焕父子想以院墙围住那九块灵石（即九头马）。其实，真正围住的也只是七"马"，另二"马"还在围墙之外。

九头马绦环板木雕 / 高锦强 摄

建筑是时代最真实的印记。清朝中叶，历经康雍乾盛世，民间财富大量积累，奢靡之风日盛，九头马自然也就打上了这个时代的深深烙印。这座大宅门的里里外外角角落落，至今依然还弥散着当年盛世时光的豪奢与不凡。中列正门外广场边上，有一对形体硕大、跃跃欲动的石狮卫侍左右。但是细细打量，却无半点张牙舞爪之骄气，反而毕露娇憨之态，比之别处石狮，少了几分匠气，多了许多灵秀。

听说，这对石狮子原来是置放于五竹村山上陈家祖墓前。十几年前被盗卖到闽南，几经努力，卒被陈家寻获并搬回祖屋前。现在，仔细打量狮身，还可见些微破损修补的痕迹。视线越过石狮，背后就是高达6米的森森院墙，东西横宽120米，南北进深也是120米。五列都各在南面正中设一大门，族中逢婚丧喜庆，五进正门、屏门、厅门一路门门洞开，一眼即可望到底，人称"五落透后"。中列南面高高的墙额上，开有13扇别致的透空灯窗。

入夜，宫灯高悬。灯影、笙歌、宾侣，繁华遍染。何等气派，何等荣光！到而今，却是铅华落尽，空窗如梦了无痕。东西南三面外墙均为青灰抹面，古朴、典雅、宁静；北侧后墙和各院落间山墙，大多用赭黄色长方石块砌就，"人字砌""丁字砌"交错，厚实、端庄中不失活泼与灵动。墙头顶上，檐飞脊走，如燕翅鹊尾欲飞还敛，似马背波浪跌宕起伏。

墙头饰以灰塑砖雕为主，内容或吉祥纹饰，或自然风物，或戏文典故，不一而足。

在墙额之下，有若干条排水用的鱼龙雕塑依附，实用性与观赏性巧妙结合。如逢一场雨骤然而至，远远望去，蒙蒙雨帘中，鱼嘴飞珠，龙口溅玉，活灵之态毕现……

外围墙上，窗扉大小不一，形状材质各异，高低错落有致。低处的，青石为框为棂，坚固异常，防盗防匪。高处的，多为红色砖雕的花窗，玲珑秀雅。

薄暮之中，透过这些或完好或残缺的窗棂，似乎还隐约可见当年家丁警觉的眼睛，闺秀如花的容颜，节妇哀怨的眼神……

伫立大厅，仰望立柱横梁，根根粗大无朋，其中"接官厅"的楠木大梁竟达10米之长。我不禁遥想：这些采自闽西闽北乃至更遥远的深山老林的珍贵木料，经几番车载舟运，历几多水陆跋涉，由多少人手抬肩扛才能把它们搬运到这里？这些木材，经过能工巧匠精雕细琢，已成这座深宅大院不可或缺的一部分，或支撑，或隔断，或装饰，或点缀，弹指间，沧沧桑桑已过了两百个年头。建筑内部大木结构以抬梁减柱为主，前出游廊，尽显大气。

但我更加欣赏的，是九头马的小木作，精巧别致的装饰性木构件几乎无处不雕。

这次九头马之行，我是从靠西边第一列进去的。踏入门槛一刹那，即被门厅之上一口巨大藻井所深深震撼。这口藻井共四层，里两层圆形，外两层正八边形。雕工繁复，有一种几近令人窒息的奢丽。可惜，最顶部正中彩绘木饰已缺失，猜想可能是牡丹莲花之类的祥瑞之物吧。

在另一个院落，我也发现大门游廊上方有一处藻井。尺寸雕工虽均不及前者，但五口藻井一字并排联珠，形状、雕刻俱不雷同，蔚为大观，也可堪称一绝。除藻井之外，门扇、窗槅、悬钟、斗拱、插屏……同样也是无处不精雕细琢。这些雕刻技法精妙绝伦，甚至将木料天然的虫孔树疤融入构图，刻作

九头马青石柱础 / 高锦强 摄

瓜果虫眼、枯藤老树，妙趣天成，古意盎然。虫鱼鸟兽、风花雪月、掌故风俗、渔樵耕读、诸业百工，凡此种种，皆成其题材内容。幽暗昏惑的光线里，我忽发臆想：若夜深人静，于月色之下，细细品读之，说不定还会有狐仙媚妖从墙角门后款款而至……

如果你有心在此感悟中国古代农耕文明的脉络与内涵，那这些雕刻精美的小木作，无疑就是最具解构力和穿透力的了。建筑内部，除了木作，我最爱赏玩的便是石制构件。特别是其中美轮美奂、形状纹饰均不相同的柱础，件件都是石雕艺术的精品。

九头马防火巷/高锦强 摄

如果说九头马是一部精彩纷呈的《红楼梦》，那这一个个柱础便是其中最经典的清词丽句了。

据说，这些青石柱础从打制到磨光，全靠手工完成，工序极为严谨繁杂，每块光人工就得耗费四百天。费时之多，耗财之巨，真的令人瞠目结舌呀！我在拍摄柱础时，陈振陆老人突然问：你知道什么是人生四大快事吗？我不假思索，自作聪明地报出一个俗气的答案：久旱逢甘霖，金榜题名时，洞房花烛夜，他乡遇故知。

老人摇摇头，显出些许孩童般的得意，指点着四块柱础浮雕要我细观。然后，又一一道出图案内容：一掏耳，二捶背，三打喷嚏，四伸懒腰。

闻之，我哑然失笑：呵呵！想不到这冰

冷坚硬的顽石还如此有趣味，竟能隔着百年光阴，向我传递如此温馨而寓意深长的诙谐。

如今穿行于连片的华堂美屋间，你会不由地感叹：也许唯有陈家这样的大富巨贾，才会有如此散尽千金盖华室的恢宏气势和磅礴气派！说九头马是存留现实的民间大观园，是长乐版的建筑"红楼"，一点也不夸张过誉。

即使按千次快门，写万言文章，我也无法尽善尽美地解构这一宏构巨制。我只能从这部大书里，撷取"得月楼"这一个我认为最迷人、最绚丽的章节，来诠释两百年前锦绣深宅内的生活是如何的优雅与荣华。

得月楼，在庞大如迷宫般重重深院的一个极不起眼的角落。入巷穿堂，游廊萦纡，来到一进无人居住的院落，朴拙，破败，苍凉。东厢房已栋倒壁残了。从东厢房边上，走过一段窄窄的甬道，出一扇石框小门，便见四围高高的石墙圈住一方小小的天地。陈家小姐的闺阁（另一种说法为女书斋）——得月楼，就极小巧、极落寞地深藏于此。

如果说九头马是浓妆艳抹的整体奢华，那得月楼就是铅华弗御、具有叛逆性格的个体天真。与其说它是古民居里的一个小小的深闺绣阁，倒不如说它是长乐民间一处精致的古典园林小品。

得月楼背东面西，二层小楼精精巧巧的，就这样贴水面岩而立。秋风几度拂雕栏。百年楼头，当年偎红倚绿的美人靠犹在。虽说已腐朽破残不堪，但栏杆上精美的雕花图案还能依稀可辨。然而，那些曾经蹙眉凝眸、引颈顾盼、凭栏寄意的寂寞身影，又都隐于何处了呢？

陈振陆老人从镇上单位退休后，与老妻坚持不到外面舒适宽敞的子女家里住，他们依然选择留在九头马内。

或许，对于留恋九头马的人而言，即使是无所事事地呆坐终日，看日光一寸一寸地漫过高高的黛墙青青的瓦檐，等着美丽的黄昏如期降临，这又何尝

九头马接官厅四梁扛井构架 / 李华珍 摄

不是一种无以名状的幸福?

即便是我这样一个长期奔突于闹市的人,一旦置身于这厚重、古朴、静雅的门厅院落,喧腾的心也会止息安静下来,一如院角那些落定的尘埃。且行,且观,且感受。

离开九头马,我意犹未尽。这一部两百余年的线装大书、绝版的盛世华章,匆匆数小时的浏览,又岂能窥其一斑而知其全豹乎?

毕竟九头马可以看、可以想、可以感悟的东西太多太多了。

閩侯水西林建筑群

水西林古建筑群位于福州市高新区南屿镇南旗村，坐靠太平山，前临锦溪，坐西朝东，临街一字排开。建筑二到四进不等，三至五开间不一，但都带八字撒山影壁的立面统一，很有气势，是明清福州地区官宦府第建筑的典型实例。2013年被公布为福建省文物保护单位。

　　林应亮故居是其中规模最大、最具代表性的明代建筑。坐落于太平山山麓，四进五开间，由东到西分布着前座、正座、后座与后楼，每座均比前座高出五至七级台阶，如果将各进屏门与插屏门打开，步步高升，很有透视感。

　　前座六扇五间，进深五柱，四扇大门开在前金柱间；檐柱前作八字撒山影壁，影壁顶部山水头灰塑装饰，翼角飞翘。歇山屋顶飞檐翘角，檐口以四跳丁头拱承托出檐，两侧雀替形似凤凰展翅，与八字撒山影壁相辅相成，高低错落，加上门前的一对鼓状抱鼓石、两对门簪及后人仿写的"进士"匾，凸显了官宦人家的恢宏气势。主座六扇五间，进深六柱，是全宅的功能中心与礼仪中心。前厅明间缝穿斗减柱造，前出双步廊，不用卷棚轩，双步梁与单步梁扁作，用料硕大，构架简洁，梁上以斗拱托檩。檐口以四跳丁头拱承托出檐，小斗方正，斗耳与斗腰基本等高。厅堂隔架科做两朵连拱弯枋，弯枋造型舒展。圆形覆盆状柱础圆边微外翘，这些做法带有典型的明代建筑特征。后座构造做法与空间格局基本与主座类似，只是木构造全部为穿斗构架，空间较小一些。后楼被称为彩衣楼。这两进主要是内眷活动、储物或后勤等功能用房。

　　林应亮故居前还立着一座宏伟的木构双层牌楼式的六朝大老坊，又称人瑞坊，始建于明万历七年（1579年），系林春泽百岁时奉旨建造，现为重建，尽显家族荣耀。

　　链　接：

　　水西林古建筑群，由明进士林春泽宅、其长子明进士林应亮宅、次子林应宪宅、长孙林如楚宅及其后裔宅、旗峰林公祠6处建筑组成，占地面积约10 000平方米，是福州地区明清官宦府第建筑的典型代表。

古街换新貌，岁月自静好

尚光一

　　"北屿水西林，天下无处寻"是民间对水西林的赞誉。从明嘉靖五年（1526年）起，林春泽及其后裔先后在此建宅起厝，其中，以林春泽、林应亮等人的故居最具代表性。

　　关于"水西林"之名，当地传闻始于明代。据传，明正德年间，北屿村（即水西林）十九世祖林春泽与城门濂浦（即林浦）村人林炫同朝为官。正德皇帝为区别两位林姓卿家，就以濂浦在东、北屿在西为据，分别将两人呼为"东林卿家""西林卿家"。北屿人以此为荣，便将村名改为"西林"。后又由于锦溪流经村前时被堤坝阻挡而向西倒流，因而村名进一步被称作"水西林"。

　　水西林自古重视教育，倡导诗礼传家，南宋就有以林畊为首的"父子八

水西林古街古厝／林岳铿 摄

林应亮故居大门／李华珍 摄

进士"，到了明代，水西林又出现以林春泽为首的"父子孙孙世进士"。在今日的水西林，旗峰林公祠就是明代林家科举兴盛的生动写照。该祠堂始建于明末，位于水西林古街南段，与林春泽宅毗邻，也称水西乡贤祠。正门上方有石镌直碑"奉旨祀典"，大厅的龛阁中供奉着林春泽、林应亮、林如楚三人坐像，进入厅内，"三世琼林第，六朝大老家"的科举世家风范扑面而来。据史志载，林春泽为明正德九年（1514 年）进士，历经成化、弘治、正德、嘉靖、隆庆、万历六朝。百岁时，朝廷邀请他重宴琼林，被尊为"人瑞翁"，后与其夫人双双寿至 104 岁，明朝廷专门为其修建了"人瑞坊""六朝大老坊"。林应亮为其子，明嘉靖十一年（1532 年）进士，官至户部右侍郎。林如楚为其孙，明嘉靖四十四年（1565 年）进士，官至工部郎中。伫立在厅中四望，无论是梁上高悬的"甲科济美""金紫重光""天朝恩命""世德流芳"等匾额，还是环列两旁的"回避""奉旨祀典""三世重宴琼林"等仪仗牌，无不昭示着一个家族曾有的科场荣光。

相传水西林还隐藏着明末风云人物郑芝龙的府第。据传说，郑芝龙降清后，正是看中了林氏家族进士辈出的兴盛，费重金在水西林买下旧厝作为府第，并花十余万两银子进行修缮。后郑芝龙被杀，府第又被水西林林氏后裔林文铭买回，改名文铭厝。文铭厝占地约1500平方米，坐西北而面东南，前后两进，依次有门头厝、左右廊。其中，门头厝面阔五间，进深七柱，前后座则均有封火墙二坡顶、穿斗式木结构，并且前座有过道、回廊、两厢、天井，后座有后院、后花园等。今日走入厝内，古宅庭院幽深，门窗雕花素雅，廊柱一角留存的金龙装饰在阳光中熠熠生辉。后花园虽已废弃，然而厝中古意盎然的氛围，依然使人可以想见昔日的气派。

不过，街巷曾经的繁华会因世事变迁而消散，巨家大族的往日荣耀也终究属于过去。三世琼林、豪门大宅，最终还是"旧时堂前燕，飞入百姓家"；翠旗衍秀、连登科甲，至今也"繁丽非前世，萧条却古风"。在林春泽的玄孙林慎于明崇祯十三年（1640年）考中进士后，林氏家族的科场荣光就渐渐黯淡。即使诗书传家，也无法世代簪缨，小概率的幸运毕竟无法逃脱大概率的趋势。在后世子孙看来，先辈的荣光毫无疑问应当承继，然而皓首穷经依然科场蹭蹬却是更为可能的常态。不过，在时光中，虽"不见当年秦始皇"，但却"万里长城今犹在"。昔人已逝，但水西林古建筑群犹存，依然沉默不语地将历史的脉络在锦溪畔缓缓延展。

遥想当年，水西林在嘉靖年间，经十年建成了多座气势恢宏的官宦府第，一式结构，三进透后，分头衙（林春泽故居）、中衙（林应亮故居）、尾衙（林如楚故居），在两百多米的街巷上一列排开，每座的门前都置有抱鼓石，门楣上有显示官级品位的簪缨，林氏后裔又进行增建。如果目光能够穿越时空的阻

林春泽故居大门 / 林岳铿 摄

林春泽故居后堂 / 林岳铿 摄

隔，上可以看到那时的水西林是由官宦宅第、官家码头、荡湾园、科第传芳坊、人瑞坊等构成，街巷内还坐落着水西林氏宗祠、狮岩林公祠、旗峰林公祠、次峰林公支祠、岘北山居、玉音楼、人瑞堂、碧山堂、碧麓堂、且闲堂等亭堂楼阁，巷口的大埕顶和巷尾的焦府行宫还建有栅门，昼开夜闭，街巷一派雍容平和的气度。

时光流转，岁月更迭。前些年，水西林古建筑群曾由于年久失修，一些古厝的木结构构件开始腐烂，砖瓦也逐渐破损。庆幸的是，2018 年 8 月，水西林古建筑群入选福州市计划建设的 13 个特色历史文化街区，将被打造为以山水和明代建筑为特征，集活态居住、遗存展示、文化体验、休闲旅游为一体的"水西林特色历史文化街区"。目前，施工正在进行，修复后的效果图也已树立在巷口，引人驻足。不久的将来，水西林古建筑群将掀开面纱，以新的面容迎接四方宾朋。而且，除了科举文化，与水西林有关的文化资源，也将被深度发掘、开发，成为活化"水西林特色历史文化街区"的创意源头。例如，始建于宋代的狮岩林公祠，原为南宋理学家林之奇故居，相传朱熹曾到此向他求教《论语》，这其中就有许多精彩故事可待深入发掘与创意开发。

未来，当历史文化街区项目完成后，行走在水西林中，会看到茂林垂荫，锦水浚源，街巷古朴平和，在修复后的街区中轴线上，人瑞坊巍然而立、微笑不语。到那时，你或许会发现，经过历史的淘洗与时光的沉淀，才能显现出岁月的静好，正如相传林春泽迟暮时曾骄傲自许："有我富有我贵，无我夫妻双寿一百零四岁。"又或许，在另一视野中，运势也是公平的，风水轮转，祸兮福兮。时至今日，虽然水西林的科举辉煌已成追忆，然而林氏后人林学榕以笋丝烹制草鱼创制的名菜"凤尾草"，至今仍是红白喜事上的压桌硬菜，而他的再传弟子林文挺则以一手"杂烩汤"在聚春园挂了头牌，水西林的荣耀与家风，竟以味道的形式得到了另一种传承。

故园花竹平安否，何日从容共一杯。时代掀开了新的篇章，今天的水西林即将成为特色历史文化街区，而显山露水的街巷景观，也更能寄托乡愁，从而使往昔的生活图景在新的时空中得到重生，也丰富着当代人们对于美好生活的需求。"门前流水尚能西"，绵延数百载的水西林古建筑群又怎不会在新的时代重焕风采？

人瑞坊 / 李华珍 摄

閩侯白沙永奮永襄厝

永奋永襄厝位于福州市闽侯县白沙镇新坡村,始建于清乾隆元年(1736年),历时59年竣工。该厝背山面水,坐北朝南,占地面积达10 000平方米以上。前三个院落为兄长江永奋所建,后两个院落为弟弟江永襄所建。永襄厝的中轴线偏西于永奋厝的中轴线,中间隔以台地。五进都是相对独立的院落,以封火墙四面围合,以便防火防盗。各进院落的主座均为五开间带两侧火墙弄,进深七柱,"一脊翻两堂";前天井宽敞,两侧撒舍与主座梢间对应,与倒座或门廊屋顶三面交圈。主座后均设狭长的小天井,中间做覆龟亭连通前后。永襄厝最后一个院落最大,主座明间厅堂也是最大的,宽9米多,进深20多米,高10多米,穿斗减柱造,三根杠梁各长达10米,其开间之大在福建现存的民居建筑中也属少见。

　　主落东西两侧各有次落。永奋厝西侧落三进三开间,面阔尺度较小,前院据说是管家等地位较高的下人居住、活动的场所,后楼兼具闺秀楼的功能。东侧落为二层书楼,坐西朝东,是家中子弟教育的场所。永襄厝西侧落为园林花厅,花木、鱼池、假山装点其中,墙角巧妙地点缀着精致的重檐八角攒尖顶的半边亭,小巧玲珑,飞檐翘角;檐下垂花、雀替、梁枋精雕细刻,是院子中的点睛之笔。

　　该厝石材用量亦很惊人,天井、台阶、厅堂、通廊等地面多以长方形大块石板铺设。石材大都来自于闽南地区,耗费之人力物力令人惊叹。该厝不仅规模恢宏,其木雕、灰塑、彩画也都精致细腻,鬼斧神工。1992年该厝被闽侯县人民政府公布为县级文物保护单位。

历史留下的传说
——访闽侯白沙永奋永襄古厝

李治莹

    在城乡巨变的今天，八闽首邑闽侯白沙的新坡村深处，有一座气势恢宏的永奋永襄古厝。此厝大柱鼎立，梁高数丈，坚木筑墙，巨石铺地。门窗楣上雕镂的各种图景，中西合璧，耐人寻味。据村中乡贤所言，大厝自古屹立，却无文字记载，也无史志流传。只知此古厝为南宋名相江万里之后所建，留下诸多版本的传说，下述只是杂传故事之一，借此窥探此厝之祖脉祖龙罢了！

    漫漫320余年的大宋王朝，纵观北宋南宋，走马灯似的晃过了18位皇帝。其中，不乏明君，流芳于世；亦有昏君，留怨人间。数十年做清官，三朝为良相的江万里，就在那风雨飘摇的南宋下理民生、上扶社稷，既建功也立德。只是大不幸与奸佞贾似道同朝为官，志不同道不合，上朝时二人常常唇枪舌剑。在江万里犀利言词的抨击下，贾似道心怀怨愤，视此位忠臣为心头大患。在贾

俯瞰永奋永襄厝 / 李华珍 摄

似道屡屡谗言之下，江万里忠不敌奸，上无法报国，下无力护民，于是多次奏请朝廷，辞官退仕，返乡归田。

数年后，南宋第六位皇帝赵禥（宋度宗）登基后，为正视听，挽救朝政，扶持社稷，赐福于民而诏示天下，广揽敢于直言善谏之人士回返朝廷议政。江万里不但名列其中，且还在名单之首。于是江万里又回到临安（今浙江杭州）朝廷。但遗憾之至的是，仍与贾似道同朝，再因政见相左，屡遭排挤打压，他的正当主张不被采纳。江万里再度上书求退。朝廷无奈，于咸淳六年（1270年），委任江万里为观文殿大学士，出任福州知州兼福建安抚史。此一职，只有曾经担任过宰相的重臣才可担任，江万里也就心知肚明地领受了朝廷的一番盛意，远赴福州任职。后又几回易职异地，以朝廷重臣之位处处忠心于国，钟爱于民。

德祐元年（1275年），元军大举入侵，大兵压境之下，南宋岌岌可危。在江山摇摇欲坠，国之将破、家之危亡之际，三度为相的江万里痛心疾首，五内俱焚。数回回叩问天地之后，悲情汹涌，痛彻心扉。万念俱灰之中，率子江

永奋厝厅堂／李华珍 摄

镐等家眷与族人在任职之地投池殉国。一时间，举国哗然，万众凭吊，山哭水泣，天悲地哀于华夏。江万里投水殉国后，其弟江万载又于景炎三年（1278年），在广州湾（今雷州半岛）为救年幼落水的宋端宗，被海风巨浪卷走而亡。杨太后追赠其为"开闽侯"，赐谥号"武肃"。并把江万里、江万载、江万顷三兄弟封为江氏"三古"和江氏"三昆玉"。

永奋厝厅堂卷棚／李华珍 摄

　　江万里率家人殉国那天，其子江镐之一妾，因回乡探望染疾的父亲而幸存。后知晓江府发生惊天动地之事，悲怆之中也求一死了之，正悬梁踹凳瞬间，被她一个兄弟察觉后破门而入救下，不久生下江镐遗腹子江怀。

　　江怀成长在乡野，布衣素食，岁月艰辛，但作为忠臣之后，却自有一种风骨。他勤读诗书，礼貌待人，且不辞劳苦，上山劈柴，下地种谷，德才兼备。江怀成人后，娶了村中一位贤德有加的村姑为妻。翌年的一个秋日，生下爱子，取名江流。潜含之意是此辈要如同江河之水，流动八方，以期浩荡于天涯海角。

　　在当时世事变幻、度日维艰之中一步一坎坷成长起来的江流，立业成家后喜得三子。知晓自己家史的江流，毅然决然地让已经长大的三个儿子到南方北国自由发展。其中有一子南下入闽，在闽中福地开基立业。先是深藏于闽西北，后一步步走向较为繁华的八闽首邑侯官（今闽侯县）生根发芽、开枝散叶。

　　岁岁年年，代代延续繁衍的江氏子孙既有农耕持家的，也有经商发家的。到了永奋、永襄祖父时，已继承祖辈之业积攒有一笔财富。祖父总想在自己手上实现祖上起大屋、建大厝立于世间之愿。但那时又遇荒年，起厝建屋之念也就搁置。直至永奋、永襄父亲20岁那一年，祖父重提建厝旧事，这几代人的

宏愿才似乎从深潭再次浮出水面。但胸怀大志的父亲，想在饱读诗书后外出闯荡创业，难以即时遵从父命守家建厝。那时已体衰力薄的祖父也只得把建厝大愿再次搁置，但责令儿子成亲后方可外出。

婚后不久，永奋、永襄之父就以其壮志雄心，背井离乡去外面的世界闯荡。由于胸怀商德，又事事如人意，在百姓中广立口碑。有了一笔积蓄后，就搭乘客轮走向西方的世界。因为祖上早有建祖屋、立祖业之意，父亲在经商之余也就专注于浏览各国的建筑，博览群屋，遍赏华庭。见多也就识广，对于今后建立江氏大厝有了自己的一套设想。

数年后，提金携银的父亲返回家门，永奋、永襄兄弟也相继出生，因域外商务事冗，内心虽有立宅之宏愿，却无余力实施浩大的工程。后来从商之路越走越宽广，日积月累，成为富甲一方的商贾。据说兴盛之时，曾拥有三艘能漂洋过海的大商船，来往驰骋于太平洋之上，其商务生意，广及多个国家。因江氏祖训有此话：但凡聚有财物，不准吃喝挥霍，只允许建宅屋、置田产或扶助穷困人家。无论用于何处都不得张扬，手头有金，沉默亦是金矣！

永奋、永襄兄弟少年时，其父将繁荣的商务托付于麾下掌管，决意回乡

永襄厝厅堂／李华珍 摄

永奋永襄厝雀替、斗拱 / 李华珍 摄

建厝。正要着手规划华屋时，永奋、永襄的祖父母先后离世，办丧事和守孝又耗去多年。而后又因远方的战火祸及闽赣一带，匪患也不绝于乡村，根本不是兴师动众起屋建厝的氛围，父亲也就多年未再提及此念。直到花甲年岁，见世事复转太平，民间祥和，父亲才重起建厝之念，病榻中细细嘱托建大厝、起祖屋之遗愿。又说自己早年漂洋过海，见过他国屋宇是怎样华美的别样风景。因此，日后所建之屋可以中西结合，至少要有异域风情的印迹，让江氏所建之厝与众不同，留与后人或是存于世间，总要有另一番景象……承接下父命且还肩负着世代祖训的永奋、永襄兄弟，祖上建大厝的宏愿一次次在心中雄起，发誓要在自己这一代实施建大厝之宏图大业。

几年之后，永奋、永襄兄弟请了一位身居外乡的风水先生选出侯官白沙新坡一方风景风水俱佳的宝地。那地块似在一片祥云之下，周边群山围绕，阳面阔大，仿佛日日都有东来的紫气，十分吉祥。

于是，兄弟二人以大手笔圈上方圆数十亩的地盘，挖深沟，起厚墙。又重金从远自千百里之外的大山深处伐来粗柱大梁，雇请功夫了得的石匠，踏遍青山大岭，凿得厚岩长石。且嘱咐石匠木匠，来自大山里的石料要凿山取出，成块成条，不可拼接；取自密林的木料要粗大笔直、千年不蛀不腐。主梁大料一应俱全后，又择得吉日良时，召集四面八方的能工巧匠，在那方灵乐之土上大兴土木。因为资金较为雄厚，两兄弟交代各方工程的大师傅：大石铺基，大梁架屋，架梁要高，间隔要大，过道要宽。并责成承建人以层高、厅阔、天井大为建厝之主旨，但凡梁柱、窗棂、门框、门楣一概尽其所能细刻精雕，且要

浮雕。因祖上传下的宝物中不乏西洋图景的器具样板，又特别请了留过洋、出过国的先生画出域外一幅幅风情图，再请手艺了得的艺人按图要么镌刻于墙，要么凿附于梁。所雕所刻，可仿西洋图景中的洋房、洋人、洋景。许是工程过于浩大，又处处必须精工精致，工程进展之缓慢，工期之绵长，远超永奋、永襄兄弟的预期。永奋、永襄兄弟常常为一石一木，到十里八乡求购，劳心劳神劳力。后来兄弟俩皆因过度劳累而卧病于榻。那时，大厝才建一多半，离竣工尚需时日，永奋、永襄兄弟商定，把续建江氏华厝大任的接力棒，传于他们膝下已是年轻有为的儿子。

兴建此厝，永奋、永襄兄弟与其儿孙一致认为，倘要实现几代人的同一个梦想，那就要让此宅此厝成为永恒之经典，无论留后人、留世间，都以弘扬祖德为大。宅第是用来居住的，同时可用于公益，因此，江氏族人可用，八方百姓亦可用。大宅之外所建的书院，不就是供乡里乡外的读书人使用的？他们要让新坡乡村飘荡书香，让新坡村代代后来人谨记"一等人忠臣孝子，两件事读书耕田"，以期待日后腾达而造福于国家与黎民。

基于这种深邃的理念，此宏屋深厝建造十年复十年，八载又八载。直至竣工那一年，已是起基建厝的第 59 个年头，近一个甲子、两代人，耗时之久，举世罕见。而江氏兄弟所建之豪门大宅，在十乡八里也难得一见。历经风雨的大宅豪厝落成之日，也是白沙新坡这方千百年来的深山僻壤光华璀璨之时。那与大宅有关的许许多多的人和事，更是如同一粒粒闪烁着亮光的珠宝，从古至今、从远到近，总也闪烁在古厝内外。

人们望此深宅大厝，在叹为观止中流连忘返，又在寻寻觅觅中，知晓几多幽深的典故。

永奋永襄古厝今犹在，只惜不见造厝人。

永泰嵩口 德和厝

德和厝建于清道光年间，是福州市永泰县乡间典型的堂横屋格局，三进五开间，从空中鸟瞰，形似"回"字。下堂与中堂组成的四合院为"回"字内圈，封火墙与后楼为"回"字外圈，内外双圈之间以架空的过水屋或过水廊连接，两侧设美人靠。

下堂一层，面阔七间，开间较小，中设进屏门。中堂二层，五间七柱，明三暗五。明间为明厅做法，通高一层，以进屏门为界分为前后堂，前厅空间开敞，为主要的仪礼空间；后堂进深较小，主要是老人去世后停棺之处，使用率较低。中堂的梢间面向外院开门窗，两层均前出廊，设美人靠，并与过水屋连接，在中堂的外围形成另外上下两条完整的交通流线，家中的女眷不必经过主厅堂就能连通前后。这种做法不同于福州其他地区的民居。

该厝木雕精美。穿斗构架的烛仔呈虾蛄状，其上镂雕夔龙与花草图案。中堂前廊卷棚轩下的步柱柱头镂雕四季花卉，烛仔、蝴蝶四、丁头拱与替木上都浮雕花草。隔架科作双层或三层连拱弯枋，其上密密麻麻地浮雕花卉。厅堂中的灯座高浮雕"观音送子""天官赐福"。天井四面廊均以四跳丁头拱承托出檐，小斗雕成花瓣形，最上一层的拱头雕刻鳌鱼头，两侧雀替浮雕、镂雕花草鸟兽，形似凤凰展翅。天井四面作54扇槅扇门，连续统一。裙板素面，绦环板浮雕花鸟虫鱼、琴棋书画，槅心统一镂雕回云纹，中间加嵌方形开光，雕刻什锦花草、珍禽瑞兽、钟炉鼎瓶等。

该厝挡水墙三段迭落，面向天井面做书卷造型，其上彩画清新淡雅。马鞍墙高低起伏，线条优美流畅。三段式屋顶中间高，两边低，悬山顶山花面被分为三个部分，下设披檐与腰檐，与外廊相结合，层层叠叠，层次丰富，立体通透。

深巷府第独自香

章枫林

　　说起文化名镇嵩口的古代民居府第，永泰县研究古村落庄寨者如数家珍：月洲张元幹故居，东坡下坂厝，道南万安堡，玉湖珠琳厝（玉湖寨），中山拔魁厝、雁魁厝、前林厝……但问起中山村的德和厝，却没有人知道，这让我纳闷了：它为何遗逸在人们视野之外？

　　我打算前往一探究竟。那是早春二月的一个早上，大樟溪两岸桃花盛开，美景让人心醉。在县文联老王和县村保办老张陪同下来到了嵩口镇，请村会计当向导。

　　中山村原名为聚贤堡，20世纪40年代，为纪念孙中山先生为民主革命做出贡献而改为现名。中山村坐落于大樟溪北岸，自古以来都是嵩口（嵩阳）镇

中山村古民居鸟瞰／赖泽樟 摄

德和厝封火墙 / 赖泽樟 摄

政治、经济、文化中心。过去非常热闹，每月初一和十五，物资交流市场人潮涌动。

村会计姓林，五十开外，为人热情。我们跟随林会计来到了嵩口古渡口。小雨过后，太阳又露出了笑脸。由于连续几天下大雨，大樟溪和汀坡溪大水向着古渡口奔腾而来，风生水起，财运进库。林会计说，别小看这渡口两岸，从古到今出了不少名人，这边林家五品知府七品县令，对岸卢氏一门六代九进士！

不知是被渡口两岸风水所吸引，还是被渡口美丽环境所迷恋，我驻足不前。身边的古榕树，仍然生机勃勃，千年古树阅尽了人间辛酸苦辣，也见证了渡口的辉煌和消失；溪边几位美丽姑娘，边洗衣服边嬉闹着；南岸满山遍野的李树桃树，迎着春风怒放！

德星楼是渡口进镇的锁门，也是走进德和厝必经之路。民国末期县长赵玉林在门楣上题上"群贤毕集"四个大字，意思是贤者毕集之楼。赵县长名气可不小，在南方几个省考中，高中"状元"！

古代人选择居所，讲究建筑风水。中山村地型像个肚兜，可装天下的财富；也像只仙鹤，可展翅而飞。大樟溪环村而过，绿带环腰，各个朝代都出了不少官员。

上了直街，穿过横街，就踏进鹤形路。那条弯弯曲曲小道，非常有特色，形似仙鹤的食管和肠子。路两边铺着鹅卵石，当中是沙土，围墙底部也是用鹅卵石砌置，代表着米粒。

走到底便是龙口书院，房屋坐落在龙（鹤）头上。风水先生说，鹤必须叫，那才是活鹤，于是在龙头上建个书院，小孩子读书声就是鹤叫声，读书声音越大，那鹤就越活跃。

从龙口书院返回右转，走了几十步，有堵十几米高的土城墙落在眼前，那便是德和厝外城墙。我从来没见过这么高大的土城围墙，看来德和厝不可小视。高墙下有座大门，用四块大石板砌成，这是进德和厝的第一道大门，可惜那大门早已不用了，而由大锁来"看管"。

顺着墙角向前继续走了百来米，转个弯便到了"文革"时开建的大门。进了大门，有座古老的门亭，建在内城墙之中，这是第二道门关。过了大厝场，上了阶梯，便是正座的门楼，那楼厅是第三道大门，三座大门形成中轴线。

德和厝是座完整的八扇大厝，有大厅、后堂、书院、门楼、横厝、过水、下埕、内外城墙。还盖座单间排后座，楼厅作为书院，上世纪住着许多居民，非常热闹，现在只有两位老人住在里面。

深巷里的德和厝，背靠小山，面向大樟溪，环境优美。这座建于清朝的大厝，已有一百多年的历史。建房者姓林，号德和，家道殷实。对于古建筑我没有研究，风水术更是不懂，但我参观过不少庄寨府第，觉得这座房子确有其与众不同的

俯瞰德和厝天井 / 赖泽樟 摄

特色。

一是设立内外两个围城墙，进大厅需过三道大门，这在全省来说，应该是独一无二的。

二是木雕精美讲究，灯座高浮雕"观音送子"和"天官赐福"镏金挂匾，造型栩栩如生。彩画清新淡雅，马鞍墙高低起伏。"窗如画卷，画作窗棂"，在全省来说，应该也不多见。

德和厝厅堂卷棚木雕 / 李华珍 摄

三是建房者十分讲究建筑风水艺术。设立内外城墙，是为了设立风水大门，进厝第一道大门建在正座右边，而第二道和第三道大门设在中轴线上，内外尽收好"水"。把右边外城墙加高到房顶，那是为了挡住外煞，也是作为空档风水墙。

第一次参观德和厝，给我留下了深刻的印象。为了进一步探寻德和厝精妙的建筑文化和内涵，我再次前往嵩口。从福州出发，直达中山村林家祠堂，前亭林氏族谱编撰者林廉炎老师向我详细介绍了林氏家族的来龙去脉与林德和的为人处世之道。

廉炎老师说，林氏从宋代移居到嵩阳，他是四十三代孙，属于二房，而德和属于长房。德和，名璋，号达夫，林氏三十七代孙。邑庠生，光绪辛丑科岁贡生，也就是被选送到高等学府读书的秀才。婚配詹氏、魏氏、陈氏。世属书香门第，爷爷世倬，乡饮耆宾，专门处理民间事务。父亲清扬，字学藻，太学生。六个儿子，文化水平高，老大国学生，老小师范生。廉炎老师大加赞扬德和的仁义和品德，讲了许多他坚持不懈做善事的故事。《永泰县志》第十卷《独行传》中，这样称赞德和："事关义举，以毅力持之，如筑义冢、建书院、设学校、施棺木、立拯救局之类，均非骛徒者。"

不管在什么年代，也不管是什么地方志士，只要能为百姓做些好事，政府和百姓都不会忘记。在永泰历史上，考中进士的有两百多人，举人和秀才不计其数，但能够在县志里立传的能有几人？

"雁过留声，人过留名。"德和只是位普通的秀才，也没任过大官，但他盖了座具有特色的房子，给世人留下了具有代表性的古建筑文化；更可贵的是他在世时，兴建书院，成立拯救局，为百姓做了许多好事，留下了世代传颂的好名声。

走近德和厝，便走近了乡村的民居府第，走近了历史文化，也走近了人生与现实。但走近德和厝，也让我留下了许多遗憾，上辈人在那么好的地方，付出那么多辛苦，盖了座那么大的房子，现在却近于无人居住！

德和厝天井与下堂 / 李华珍 摄

在永泰农村各地，还有许多像德和厝这样有特色的古民居没被世人发现，比如霞拔乡南坪村上下厝、葛岭镇花厅等，需要古建筑专家们去发掘去研究。但愿通过此文此书，能引起更多人的关注，更希望政府及民间组织等能投入更多资金力量对之加以保护，让德和厝这种散佚民间的古建璀璨明珠焕发出新的光芒！

凤岐吴氏大宅位于宁德市柘荣县乍洋乡凤里村凤岐自然村，建于清乾隆、嘉庆年间。占地面积达 14 311 平方米，屋内居民最多时达 270 人，被称为"一屋成村"，是柘荣县最大的古民居。2013 年被公布为全国重点文物保护单位。

该宅背山面田，坐东北朝西南，建筑群依山筑台而建，各进空间层层抬升，总高近 30 米。大宅主体建筑乍看为三进三落，实际上是面阔七间带两条横屋的二院三进民居。中轴线由外院墙（带小门楼）、雨坪、牌楼式门楼、天井、下厅、前院、中厅、覆龟廊、后院、后厅与三层花台组成，进深很大；中轴两侧有东西向的横屋，横屋外又是天井、外墙；天井中分段设过水屋或过水廊，空间纵横交错、主次分明。为避免逾矩，下、中、后三厅均采取了"明三暗七"的做法，在每座厅堂次间缝架的前廊设门，在相对应的天井中做带前后廊的插屏墙。以两道插屏墙之间的院落为中心，前院形成了两厅对朝、两廊相对、面阔三间的四合院，后院则成为一堂三廊的廊院式院落；两个院落成为大宅最重要的礼仪空间。被插屏墙分隔出的两侧小天井分别对应厅堂的梢间与尽间，与面阔三间的横屋组合成一个东西向的小院落。横屋又与其外侧的天井、过水屋围合出灵活自由的小院落。插屏墙上做漏窗、槅扇门，关上后左右空间相对独立，打开后三列空间全部打通成为一个整体。这种空间布局既成功规避了封建礼制的"规矩"，又创造出了既隔又连、灵活多变的复合空间，是闽东大厝的典型代表。

大厝原先还带有书斋、园林、工房等附属建筑，可居、可读、可赏、可工，具有较高的历史、科学及艺术价值。

链 接：
闽东大厝，主要指分布于福鼎市、柘荣县、寿宁县一带的多进多落大型府第民居，多用曲梁扁作，牛腿挑檐，精雕细刻，带有浙南一带建筑风格。凤岐吴氏大宅、白琳翠郊洋里民居、西昆旗杆厝等均为典型代表。

遗落在大山里的瑰宝

郑红弟

　　凤岐吴氏大宅是福建省历史悠久的江南传统古民居，也是我国现存为数不多的大型古民居之一。它坐落在柘荣县乍洋乡凤岐自然村，与省级风景名胜东狮山景区和国家 5A 级旅游景区太姥山毗邻，宛如镶嵌在两座大山中间的璀璨明珠。

　　今年仲夏的一个周末，应一位好友的邀约，重访这座闻名遐迩的吴氏大宅。抑或是久违了亲近的大山，我们驱车前往，一路逸兴遄飞，让我们的旅途乐趣无穷。车沿着起伏迤逦的公路，一路向大山深处开去，一个又一个山峦从身边掠过，一片片汪洋恣肆的竹林，向我们一浪一浪扑来。这里湛蓝的天、澄澈的水、

吴氏大宅正面 / 魏高鹏 摄

鸟瞰吴氏大宅 / 林文强 摄

滴翠的山、氤氲的茶香，绿得让人沉醉的竹林，不愧"十里翠竹，万担茶香"，真让人流连忘返。行走青山绿水间，感受到的是自然的盛大，在不断的前往中，我们显得何其的渺小，无限的敬意油然而生。不知不觉车子就到了吴氏大宅所在地——凤岐。抵达村庄时，已是午后一点，一开车门，一股带着溪水清凉的静谧迎面扑来，这是未被尘世沾染的清新，它似乎在静静地迎接远道而来的我们。

吴氏大宅大门内侧牌匾 / 魏高鹏 摄

凤岐即"凤之栖息也"。凤岐与"凤栖"的方言谐音。西汉《韩诗外传》记录了关于凤凰的一个传说："黄帝即位，施惠承天，一道修德，惟仁是行，宇内和平，未见凤皇，惟思其象，夙寐晨兴。乃召天老而问之曰：'凤象何如？'天老对曰：'……得凤象之五，则凤没身居之。'"由此可见，此乃风水宝地，凤凰栖息之地也。

凤岐吴氏始祖仲演公在万历年间因明末倭乱，由沿海迁居大山深处，于长岐、乍洋等地繁衍子孙。大宅于清乾隆、嘉庆年间兴建而成，已经历了两百多年的风雨。据记载，吴氏七世祖吴应卯在乾隆太平盛世年间，通过经营竹木和茶叶等生意发家，富甲一方。八世祖吴子望积累了许多财富，生有大镜、大鹏、大焕、大挺四子，分别为其建四座大厝，封为"元、亨、利、贞"四房，每人一座大宅。其中，元房在福鼎磻溪镇蛤蟆袋村，亨房在柘荣乍洋乡凤岐村，利房在福鼎点头镇连山村，贞房在福鼎白琳镇翠郊村。除了元房的大宅损毁外，其余三座保存至今。眼前这凤岐吴氏古宅，即为八世祖吴子望二儿子大鹏所有。开花如亨、凤岐聚秀，在古香古色的传统村落中更彰显它的唯美、厚重和庄严。

阳光从山顶上斜射下来落到村庄里。我承认，我有一份"安静"情结，村庄的安静，与我有着同一气息，我仿佛来到自己的身边，自然，亲切，我静静地走向它。小桥、流水、人家、田畴、白烟，如诗如画，我不忍去打扰它们，只静静地去用心感受。

大宅依山而建，藏身于青竹古松之间，总体呈现"四横三纵"结构。建筑装饰以原木、原砖、原色为主，数量众多，自然老到，凸显出山地民居简朴精练、自然融合的建筑风格，历经两百余年而大多数保存完好。大宅内代表江南建筑风格的木雕构件更是精美绝伦，仅花窗就达一百多个。据说当年吴家安排一个丫环专门负责清晨开窗，傍晚关闭，一开一关之间，一天就过去了。多处三合土仿石构造栏杆和水槽等，制作精细，至今仍在使用。

吴氏大宅卷棚和牛腿木雕 / 魏高鹏 摄

该大宅整体规模宏大，气势宏伟，极具特色，又融合了江南民宅的精雕细琢，建筑布局科学，采光、排水、通风结构合理，建筑工艺精湛。2013 年 3 月，被国务院公布为第七批全国重点文物保护单位。

徜徉在山水之间，仿佛穿越时光与一位老者邂逅，聆听他的诉说，似乎回到了当年吴氏先贤在此发家建宅的辉煌岁月，也看到了吴氏后裔对美好未来的追求和向往。

沧桑变迁，文明嬗递，在时光的长河里，美好的事物总是默默地坚守着它的风姿。在庭院边穿梭，四处静悄悄，在大宅保存完好的庭院里，一个满头银发的阿婆站在院内的空地上，手握从田间拔回的青草，看着我们微微一笑。坐在屋前的老人，在静候时光的流逝。生命对于他们来说已是一个完满。

暮色渐渐轻盈起来。我们逗留的时间短，无法把古宅所有房间都走遍，也没有时间去细细品味古宅古老而浓厚的文化历史。但在这个静谧的村庄，这座大宅已安然停歇在我的脑海中。它就似一块净地，一个灵魂的栖息地，静静地矗立在大山深处。光阴荏苒，岁月如梭，无数载春夏秋冬的洗礼，吴氏大宅虽然历尽沧桑，甚至逐渐为人所遗忘，却无法阻挡它因时光岁月的沉淀而愈发

吴氏大宅中厅及天井 / 魏高鹏 摄

静守古宅的老人／魏高鹏 摄

璀璨的光芒。透过历史的沧桑岁月和时代芳华沉淀，这些沾满岁月尘烟的古建筑，似乎依稀可见在那个辉煌岁月里工匠们挥汗雕琢的动人情景。而从吴氏大宅繁衍的子孙后裔，或许他们今天走南闯北，四海为家，但是大宅所哺育出的穷达不坠、兼济天下的精神，以及他们所秉承的重德扬善、忠厚传家的淳朴的祖训家风，已经融入他们的灵魂血脉之中。无论走到哪里，都会把祖先这种玉汝于成、勤俭持家的精神带到那里，并且生根发芽，结出美好的硕果；无论他们走多远，这里依然是他们心灵的家园、精神的栖息地。

屏南北墘佛仔厝

佛仔厝位于宁德市屏南县黛溪镇北墘村，由耆绅吴云辉及其子建于清光绪七年（1881 年）至光绪三十三年（1907 年），现为县级文物保护单位。建筑空间不大，是宁德地区典型的四合院楼居的形式。门厅大门前带腰门，后金柱间做插屏门；主座一脊翻两堂，以进屏门分隔空间，前厅宽敞，是主要的仪礼空间；后堂是福堂与日常起居之处。门厅前有带外院墙的雨坪和独立小门楼，主座后建小天井与后楼，作为后勤用房。

佛仔厝以穿斗构架承重，以厚重的夯土墙围合，大门用坚固的石材制作而成。木构架简洁，只在重点部位施以木雕。槅扇与槛窗的木雕是其精华。槅扇、槛窗共 20 扇。槛窗分两段，下段以长方形横批固定，上段两扇对开。横批镂雕回环往复的夔龙纹，正中雕插有四季花卉的花瓶，寓意四季平安。对开窗分上下绦环板与槅心三段，上绦环板雕刻花卉，下绦环板雕刻麒麟等瑞兽，槅心则镂雕"六福团寿"图案，构图繁复细密。槅扇上绦环板镂雕花卉，下绦环板则雕刻了琴棋书画及大量的戏文故事和民间传说图画题材，构图巧妙，人物惟妙惟肖。槅心一般以镂雕的蝙蝠与花草饰边，中间捧着一块实心木板，其上阴刻唐宋著名诗人的诗句。据统计，厝内 30 幅木雕图案，人物多达 22 组 1008 尊，是吴云辉重金聘请 9 名长乐能工巧匠历时 3 年精工雕刻而成，具有很高的艺术水平。

该厝的灰塑与彩画也十分精美，主要体现在墙帽下的壶边与挡水墙上。尤其是天井前院墙壶边有一组恢宏的浮雕式长卷灰塑与彩画。中心以"周文王渭水访贤"故事为题材，以建筑、山水树木为背景，人物众多，姿态各异。两侧再辅以书法、彩画，浓妆淡抹，动静相宜。

酒巷里的佛仔厝

甘湖柳

　　小时候就听说，屏南黛溪镇北墘村，有栋非常阔气的宅第"佛仔厝"，是从前大财主花了很大的财力建起来的。那里的门窗四壁、墙头柱尾，到处雕刻着诸佛神仙，可谓吉祥大气、富丽堂皇，周围十里八乡没有什么别的房屋能盖过它的风姿。因为屋内装饰着许多神佛形象，有如进入西天圣境，所以人们称它为"佛仔厝"。

　　后来，我不断地看到关于它的消息：佛仔厝被评为县级文物保护单位了，佛仔厝所在的村庄——北墘，被列入中国传统村落名录，被评为"福建美丽乡村"，被评为国家 3A 级旅游景区……有时，真想去看看它，但又不想唐突地去看，这种情愫，就像收藏了一坛陈酿，随着年岁愈深，它就愈陈愈醇，也就更加舍不得开封急饮。

佛仔厝入口／朱庆福 摄

时序初冬，趁着北墘村举办黄酒文化节的机缘，我们终于来看它了。

车子行经黛溪镇，过了黛溪河，拐入一条稍小的乡村公路，山道弯弯，在连续不断的转弯下行后，旷山僻野中，眼界一下子豁然开朗，前方出现一连片土墙灰瓦的民居，在公路与村道结合处，一座地标性的仿古建筑马头墙跃入眼帘，一坛老酒，是北墘作为"中国传统村落"的标志。

北墘村处于盆地，四周青山环抱，一水穿村而流。虽说屏南的 258 个村落，格局大致相同，而看北墘村的景，无非是山清水秀，生态完好，不过在《吴氏家谱》里，风水占领了形胜："北峰顶阳似凤髻，南寨下山如笔毫。东峦像狮傲昂首，水尾雄居如象眠。"

穿村而过的溪，名叫莒溪，沿用上游洋头村的溪名。"清溪如带水平流，眠象伸牙挽欲留。濯足濯缨堪自适，卜居疑似武陵州。"古民居沿溪两岸而建，屋栋相连，一气呵成，佛仔厝、吴氏宗祠、六角井、郑公桥、攀龙桥等一批珍贵的历史文物，在这里构成规模庞大、集中连片的古民居群。

信步走入村庄，街巷整齐古朴。历经风雨沧桑的土墙，长满青苔的屋瓦，与溪流同向相行的水圳……而最令人惊叹的，就是这条长长的花岗岩石板的主街，每块石板一尺见方，两旁的天然鹅卵石，更加衬得它们的雕工精致、铺砌整齐。石板路向前延伸，在微雨的浸润下，显现出它不同寻常的喜庆的赭红色。这不是戴望舒的那条雨巷，也没有逢着一个丁香一样的结着愁怨的姑娘，但我们将与佛仔厝如期而遇！

尚未靠近佛仔厝，就已经能感受到它的历史厚重之感，而当进入大门的那一刻，我还是不禁被惊艳到了。

宅院高大宽敞，粉墙黛瓦，门上悬挂石匾"景星庆云"，门楹上书"物华天宝日，人杰地灵时"。及至进了佛仔厝里面，满眼都是精巧灵活的木雕。中门两旁的屏风，花木浮雕栩栩如生，满眼是从户外延伸至室内的大自然气息，

佛仔厝中堂 / 朱庆福 摄

令人心情愉快。上环黑漆为底，下环浮雕精湛，镶有陆游"正欲清言闻客至，偶思小饮报花开"的诗句，一股淡雅朴素的墨香扑面而来。

宅院门柱上镌刻着的三十多副对联，皆出自当时名家之手。对联的内容，不像别处那般，贴着"招财进宝"之类急功近利的文字，更多的是追宗敬祖、仰慕诗书礼教等为人处世之道，比如大厅对联写的是"德让称以有三，季札风徽垂不朽；治平推为第一，河南政绩纪犹新"，其余如"刘琨坐啸风生榻，谢朓题诗月满楼"，"黼黻曾夸汉室，簪缨胄继延陵"之类，令人品评无穷。

登堂入室，地面青砖铺设，厅堂设木质几案，大厅上方，夺人眼球的是一块光绪三十三年（1907年）屏南知县曹芸芝参观宅院后亲笔所题的"齿德兼优"黑底镏金横匾，令人产生"富而思贵"之类的联想。更为罕见的是，大门封火墙内侧的墙帽下方，有一组精美的彩色泥塑，其色彩历经百多年风雨侵蚀却不褪色，可见当时工匠技术之高和用料之精。

全厝仅装修及雕刻就用时十年，可见做工之精细。那时的雕刻纯粹是手工活，听屋里的后人说，木工们一天才刻出一勺木屑，那么整座屋子精修下来，要用去多少心思啊！

大厝始建于清光绪七年（1881年），房主吴云辉聘请长乐工匠九人，历经二十多年的精工细作，于光绪三十三年（1907年）工程落成。其间，乡村

佛仔厝木雕 / 甘湖柳 摄

佛仔厝墙饰 / 甘湖柳 摄

富户往往令外人觊觎，成为兵匪筹饷勒款的对象，为了防匪防盗，北墘村修筑了坚固的城防工事，村中街巷不仅在东西南北四个方向都筑了炮楼，更是在商铺林立的南街东西两端入口处各设有独立的哨楼、寨门，村内还有数处当街而立的巷门、街亭等，在村南沿的高地上，犹有一座六面体的三层炮楼，俯视着村中鳞次栉比的古民居，监视全村的安危。

本来，只想看看这栋被专家誉为全县境内保护最为完好的清代古民居，没想到，北墘村给了我们这么多惊喜！

再来听一段家族传说。

据说，北墘村的开基祖吴天灵原来住在莒溪村（今洋头村）岳父家，后来在岳父的鼎力支持下，决定走出村去，另寻乐土。他沿着莒溪下行，走了不久，就到了"下南洋"——也就是如今北墘村这个地方，向这里的人家买来八埪的荒田，率领儿子开荒拓土。八埪，屏南话又叫"八洋"，后来逐渐谐音称作"北墘"，北墘这个村名，就是这样叫开的。

吴氏先祖迁到下南洋后，发愤图强，要求子孙克勤克俭，对他们从小起即行严格的教导，比如要求在天一亮能看清路面的时候，就得下田干活等。日日夜夜，流走的是汗水，留下的是财富，吴氏家业渐丰，乾隆年间人口达110户，如今全村有460多户，2100多口人。年年岁岁，逝去的是时间，积淀的是财富和文化。据说，当年吴家祖婆带来了制作红曲的技术，做出的红曲质量上乘，远近闻名。红曲早年运到福州、福宁府等地销售，民国中期，有村人将北墘红曲通过海运销到浙江温州、杭州一带。

还有就是酿酒业。北墘老酒，遐迩闻名，至今村里的家家户户依旧按照祖传的配方和工艺酿制老酒，每年每个家庭酿制的酒从十多坛到几百上千坛不等。据不完全统计，北墘人每年产老酒650吨，仅这一项，就为村民增加了780多万元的产值，家酿老酒成了北墘人发家致富的源泉。2008年，红曲制作与黄酒本行技艺被列入福建省级非物质文化遗产代表作名录。2016年起，北墘村每年都在农历冬至举办黄酒文化节。

酿酒发家史上，在这个村里留下的富贵痕迹，当数佛仔厝和门前这条精工铺砌的石板路最有代表性。《吴氏家谱》记载："耆绅吴云辉建佛仔厝，历时二十七年，至光绪卅三年（1907年）告竣。南街路铺石板一千零二十六块，总长一百丈零八尺，时付采石工资银元四十块。"

除了佛仔厝，村庄还有吾爱庐、吴氏宗祠这些经典的古建筑。集中成片的古民居仿佛给人穿越时空的幻境，古村有时雾气四溢，恍若古代仙境。而经过阳春的催发、盛夏的发酵、清秋的沉淀，冬天的北墘如一坛新酿的美酒，氤氲着自然界各种草木的香味。如今，多少游客闻香而来，在村巷间谈酒事、说古事，话语间不免就有些飘忽，未饮先醉了呵！佛仔厝因酒而兴，而北墘的酒，也将延续着佛仔厝的辉煌。

佛仔厝屏门／甘湖柳 摄

莆田大宗伯第

大宗伯第位于莆田市荔城区镇海街道长寿街庙前路 71 号，为明代万历礼部尚书陈经邦疏请罢归后建造的府第，因《尚书·周官》"宗伯掌邦礼"之说而得名。

大宗伯第坐西朝东，占地面积 2833 平方米。中轴线上原有七进七间厢：带院门的下座照、仪门、正堂、后厅、后堂、御书楼与后供堂、后花园，规模宏大，共有大小房间 120 多间，俗称"百廿间大厝"。现前五进空间基本保留完整，御书楼与后供堂、后花园均被改建。御书楼曾是陈经邦专供万历皇帝所赐"责难陈善"四字之所，也是其书楼。

大门开在下座照中轴线偏左 8 米处，仪门开在下堂正中，门前一对抱鼓石十分精美，镜鼓状的抱鼓石安置在须弥座上，其上高浮雕双狮戏球，立体生动，憨态可掬，是莆田现存抱鼓石件中难得一见的精品。正堂面阔七间，进深七柱，当心间为敞口厅，两侧各有对称的厢房、厢厅。敞口厅面宽 11 米，明间缝为穿斗、抬梁穿插式构架，前金柱与堂柱不落地，落在插梁上；圆作，用料硕大，梁柱直径基本等宽，梁两端有"鱼尾叉"做法，基本不施雕刻，带有明代古风。该宅各进厅堂脊檩都遍施彩绘，题材有孔雀、仙鹤、牡丹、玺印等，色彩淡雅，其做法似为该宅之独创。

大宗伯第虽局部被改造，有残损，但仍然不失为莆田保存较为完整的明代官宦宅第建筑典型，也是研究明代品官居宅的重要实物资料，2009 年被公布为省级文物保护单位。

静静的大宗伯第

陈剑怀

从车流有点拥堵的梅园路拐入这条小巷道，整个身心顿然清寂了许多。

现在，我正面对着一扇大门。砖头垒砌的两侧门框，一片斑驳。多少年了，无数阵时缓时骤的淫雨朔风，迎头而来，留下了漫漶的岁月背影。大门上方，一块大匾同样也在漫长时光的侵蚀下，失去了往昔鲜亮底色，只有镂刻在门匾之上的那四个大字——"大宗伯第"，还以浑厚的笔力，连串古今。

大宗伯第，它最初的主人便是大名鼎鼎的陈经邦。明世宗嘉靖十六年（1537

大宗伯第大门 / 何云基 摄

年），经邦出生于一个仕宦家庭，嘉靖四十四年（1565年），登进士第，而后任讲读官，为穆宗4岁的太子朱翊钧讲解经义。太子登位为神宗后，经邦继授经义，"明白恳切，音吐洪亮"的讲解每使神宗凝神听之，应制诗赋皆得赞赏，以致神宗御赐"责难陈善"四字。其时的经邦可谓仕途畅达，先后掌坊事、院事，又任礼部侍郎、吏部侍郎，直至擢升礼部尚书兼学士。万历十三年（1585年），经邦疏乞致仕，迩来闲

大宗伯第天井 / 何云基 摄

居故里 30 余年，于万历四十三年（1615 年）谢世，终年 79 岁。

　　遥想两千多年封建社会的科举道路，何其迫仄，挨挨挤挤的高才秀士，皓首穷经，也多是怆然落败。28 岁就登进士，经邦算得上是科举有成，尤其是身为国师，仕途应是一派春光烂漫。然而，48 岁那年，他却做出了意外的决定：乞休回乡。关于他致仕的缘由，从书籍中我只找到有点莫名其妙的解释：与宰辅政见不合，便弃如敝屣似的把那枚沉甸甸的国务大臣官印送还神宗，满脸的毅然决然，就是不见半点茫然。

　　若说经邦与宰辅不和，或可存在。万历前期的那个宰辅太有名了，他便是深受历史学家推崇的张居正。隆庆六年（1572 年）五月，重病卧榻的穆宗临危托孤，钦定三位顾命辅臣，张居正便是其中之一。他倾注一腔热血，兢兢业业地操持朝政，弄出了万历前 10 年的中兴气象。只是能干过了头，终成专权，经邦的建言献策当然只是耳边风罢了。这便是经邦愤然辞职的原因么？史实是，他上疏致仕的前 3 年，偌大的一个朝廷，文武百官熙熙攘攘，唯独不见一代名相张居正。万历十年（1582 年）六月二十日，张居正溘然病逝。更而甚者，2 年之后，神宗在参劾张居正的奏疏中批示："张居正诬蔑亲藩，侵夺王坟府第，钳制言官，蔽塞朕聪，专权乱政，罔上负恩，谋国不忠。"御笔一扔，病逝多时的老相竟被断棺戮尸，吓得继任者唯唯诺诺，下决心当个和事佬。

从登进士到疏乞致仕，经邦在朝为官仅 19 年，而期间的前 13 年，都是神宗的老师。学生少年顽皮，老师正色叱喝，此乃本职。然则，张居正那具白花花的尸骨被抛弃在荒郊野外时，经邦忽然觉得，有一阵冰冷冰冷的秋风呼啸而至。其实，张居正也是年少神宗的老师，一代名相身后遭此奇辱，显然是皇帝久受钳制后的心理发泄。经邦恍然记起，自己曾以严正的奏疏力图阻止神宗的胡为。"责难陈善"的四字御书，此刻已被扑面而来的秋风骤然吹散，留下的只有阴森的冷。

既然如此，还是翩然引退吧。就在张居正被开棺曝尸的第二年，这位年仅 48 岁的壮年人陈经邦坐着马车，颤颤悠悠地回到南方故居。

走进大门，又一扇大门赫然展现在我的眼前。这便是大宗伯第的正厅了，前后 30 多米共三进的大厅都铺着红砖石板。400 多年飘飘洒洒的风风雨雨里，有多少树木枯朽成泥，而其间 16 根直径一尺多的木柱，依旧峭然撑起无数横檩直梁，

大宗伯第抱鼓石 / 何云基 摄

大宗伯第厅堂与内天井 / 何云基 摄

也撑起府第的一袭庄严。书上说，原先的府第有一百多间，号称"百廿间大厝"。檐牙高啄，各抱地势，盘盘焉，囷囷焉，想当时又是何等的一份气派。

大宗伯第建于万历二十年（1592年），按明制一品官等级建造。令人回味的是，它的动工，乃是在经邦致仕7年之后。漫长的封建时代，总是执行着森严的等级制度，衣服是不能随便穿的，车马是不能随意坐的，房子也是不能随便建的！经邦在朝为官多任教师职业，由"事业单位"转入"行政部门"，其实只做了6年没有太多人事与财政权力的官员，辞职回家又能留有几多银两？或许是，一时心血来潮的神宗忽然想起了那个知趣辞职多年的老师，御笔大度一挥，这座宅邸便突兀而起了。

由此而生感慨，要是经邦不想致仕，还在朝堂之上喋喋不休地"责难陈善"，可还有大宗伯第的存在？

叩开明朝历史之门，从幽深的庙堂中传出的多是乱离的回音，委委靡靡，很罕听见高亢与奔放之音。朱元璋无疑是一位奋发有为的开国皇帝，成祖朱棣、宣宗朱瞻基也算是有点能耐的明君。到了明朝中后期，坐在龙椅上的差不多已是一群懒惰的、怪僻的，乃至猥琐的皇帝。你看，神宗的祖父嘉靖皇帝，20多年不上朝忙着写青词炼仙丹；隆庆皇帝更是懒汉一个，当皇帝简直如赴刀山火海，最后连上朝接见大臣也觉得麻烦，免了。作为明朝第十三任皇帝的神宗，亲政之初有点锐意，弄出了"万历三大征"。然而，不久便也倦于临朝，"不郊不庙不朝三十年，与外廷隔绝"，沉迷美酒佳人，成了地道的酒鬼、色鬼。据传，经邦致仕在家，神宗常派人咨询善策，这该是故乡后辈些许美丽的编造。一个花天酒地的皇帝，还会向辞职多年的老臣征询意见？

抑或，夜阑人静躺在木榻上，经邦也曾梦回北京，苍凉的梦中却等不到诏书，只有皇上放浪形骸的笑声。春寒中、秋风里，大宗伯第静静敞开的大门前，只有一片瑟瑟晃动的萋萋荒草。

这样的皇帝，不想也罢。

经邦终于踏出了大门，悠游山水，寄情自然。那天，他登上了黄石谷城山巅，旖旎的风光让他诗情涌动，一首七律《谷城山松隐岩》沛然而出：

> 青嶂回环画屏倚，晴窗倒入春湖水。
>
> 村村丛树绿于蓝，历历行人去如蚁。
>
> 新秧未插水田平，高低麦陇相纵横。
>
> 黄昏倦客忘归去，孤月亭亭云外生。

归去来兮，放下对庙堂最后一丝挂念，经邦从此不再是朝廷的一员。"海滨邹鲁"又走出了一位淡定文人，"文献名邦"又多出了一些优雅诗篇。

历史的进步，需要张居正这般中流砥柱。然而，数千年封建历史总是处处闪现着良弓藏、走狗烹的惨淡结局。"身危由于势过，祸积起于宠盛"，剩下的一条生路就是归隐林泉了。故乡的后辈显然没有忘记这位辞官在家的老人。400多年了，大宗伯第的四周依旧可以听见一声亲切的称呼：

"国师。"

来到大宗伯第，几个放学回来的孩子正嘻嘻哈哈地跳着笑着，幽静的古宅生趣起来。年少的经邦从私塾放学回家也定然这般天真而淘气。国运多舛，这座宅第早已易主，只是茶余饭后，古宅中那些上了年纪的老人，一定会一次又一次对后辈说起国师的许多传说。

函江凤门林氏大厝

林氏大厝位于莆田市涵江区江口镇江口社区刘井村凤门巷,清乾隆五十一年(1786年),由林植亭在林嵋故居的基础上扩建而成,历时13年。林嵋是明崇祯十六年(1643年)进士,清顺治二年(1645年)远渡印尼谋生,创立了"聚兴号",现在厝内墙壁上仍有其商号印记。林植亭则是清乾隆时富甲一方的著名商人。该厝于2018年被公布为福建省文物保护单位。

　　该厝坐西南朝东北,中轴线为五进大厅,两边各有护厝及重护厝,重护厝外左边有书亭,供子弟读书之用,右边建祠堂。从空中鸟瞰,整个建筑群呈井字形,总计约有120个房间,也是当地俗称的"百廿间"民居。中轴线上的五进厅堂步步高升,面阔五间,进深七到九柱,在后上、下金柱之间设进屏门,屏门一般以四扇镂雕的槅扇组成。除前院之外,内院天井比敞口厅稍宽一点,两侧榉头房为两坡顶,前为廊厅,后为房间。大厝室内空间相对封闭,广设过水廊与前廊、廊厅作为日常起居之处,相辅相成。

　　大厝是当地常见的红砖白石燕尾脊造型,屋顶三段式,燕尾脊高高起翘,富有张力。内部为土木结构,除了五进厅的明间采用穿斗式木构承重之外,其余均为硬山搁檩造,结构简洁。大门中间三间内凹,两侧突出封火墙,墀头彩画细腻,前檐柱(方形石柱)落地,其上斗拱、雀替、驼峰等处镂雕花卉鸟兽并施彩绘。镜面堵、对看堵均以红砖拼出万字回纹,柜台脚与柱础施以石雕。门槛两旁安放着弧形顶门枕石,正面分别雕有鹤、鹿图像。

🔲 古厝里的守望

蔡 润

一

　　古建筑是历史的"见证者"。在一个阳光明媚的早晨，带着和天气一样明朗的心情，我前往江口镇刘井村凤门巷的林氏古民居访古寻幽。在我心里，江口刘井村凤门巷林氏古民居就是一本厚重的古书。其厚重不仅在于建筑物用料之大气，更在于林氏铜铸胎掐丝珐琅传统工艺，保留着明代宫廷珐琅技艺的精髓，被业界誉为"南方景泰蓝"技艺。这本厚重的古书，在临风开卷的时候，让身处其间者浑然置身在历史的洪流中，从时间的褶皱里品读出岁月之沧桑。

俯瞰林氏大厝／何云基 摄

"乔木盘根大，猗兰奕叶鲜"，"黄堂开国族，赤柱绍家声"。凤门巷林氏古民居楹联文字以及大厝的结构、布局、雕刻的意象等，无不寄寓着家族和睦融洽、吉祥如意和繁荣昌盛之美好希望，显示着昔日商贾的辉煌，蕴含着深厚的文化内涵。置身其中，仿佛还能听闻到"仁、义、礼、智、信"的私塾齐整读书声响……展卷摊开，仿佛能看到古老建筑从历史烟云中走出，穿越沧桑，诉说古今，大门敞开，穿堂入室。这时古厝的文化内涵开始从每一扇旧窗淌出……

说起凤门巷林氏古民居，即至今有 230 多年历史的"百廿间"，村里的老人们都耳熟能详。现场工作人员告诉笔者，它由著名富商林植亭在明代监军

林氏大厝雀替木雕/何云基 摄

林氏大厝柱础/蔡润 摄

给事中林嵋故居的基础上，扩建于清代乾隆五十一年（1786 年），前后历时 13 年建成。林嵋是明崇祯十六年（1643 年）的进士。清顺治二年（1645 年），兴化城被清军攻破，林嵋族人为避兵灾远渡印尼谋生，在印尼从事商贸、工艺行业，回归本土后依旧延续着家族事业。江口林氏"聚兴号"不断发展，由于族人林植亭的经营有方，清乾隆年间富甲一方。后建造 120 间大厝，光宗耀祖，代代繁衍生息。

走进林氏大厝，市井的喧嚣顿时消失殆尽，一切恍如隔世。穿行在林氏古民居间，如同穿越了时

光隧道，巷道沟通相连，又仿佛走进了一个迷宫，另有一种深切厚重感，气势之宏大，尽显清代古民居建筑古朴的厚重气息。显然，大厝主人有相当的经济实力，建造房子时非常重视房屋的建筑质量，选取上等建筑材料，梁和柱都用上好木材，穿梭其中，能感受到其底蕴之深厚。厚重在其古老的建筑上，厚重在历史和文化底蕴上，厚重在重视内敛不事张扬。熟悉的大门，熟悉的大厝间的小巷，处处溢出一种大厝之静美。

据现场工作人员介绍，林氏大厝坐西南朝东北，为五进合院式建筑。大厝两边有护厝、重护厝，重护厝外左边建有书亭，右边是祠堂。建筑设计极有特色，又颇具匠心。天井，便于透光透风，也便于排水，不仅注重外部造型装饰，更注重实用性。无论雨水还是其他用水，排水暗沟都能保持流通，始终没有污物沉积，在排污、排水方面显然是比较出色的。

隔着一扇扇槅窗，仿佛窥见历史的烟云，处处散发着神秘的气息，无不蕴含着儒家文化的深厚底蕴，这些神秘的气息与祠堂紧密相联。我是探访者，深入其中之后，我的心瞬间便沉静了下来，就希望多滞留一些时光。这里，我似乎触摸到了厚实而真切的历史肌肤，触摸到了林氏聚族而居的烟火气息，林氏大厝大宅院内有庭院深深之感，隐约还有书声琅琅。林氏家族人才辈出，地灵人杰，其建筑物也是极具重要人文价值。

几只斜飞的燕子掠过头顶，往昔的云烟好像一伸手就可触及。林氏子孙后代繁衍生息，一直以来人才辈出，朱紫盈门。林氏古民居的古井，井水味甘甜清凉，曾润泽过、也继续润泽着一代又一代的林氏子孙。

探访林氏大厝，如浏览一部古典的线装书，那淡淡的墨香会悠然沁入你的心灵。故人已去，但文化气息一直都在。一砖一瓦，古意盎然，那是一种无声的语言，也是一种灵魂和境界。走进林氏古民居，去轻叩那历史厚重的大门，在现实与古朴的时光中交错，让人不禁心生神秘与敬畏。精美的镂空窗棂，斑

驳的燕尾脊，长满青苔的红方砖，墙角的狗尾巴草，表达的皆为生命的意象。洗尽铅华之后的林氏古民居，呈现一番素朴，从容面对着人间的冷暖交替。

二

江口刘井村凤门巷林氏大厝内传承有景泰蓝工艺，保留着明代宫廷御用铜铸胎掐丝珐琅技艺的精髓，这是一个传奇故事。这一技艺足以让原本厚重的林氏古厝益发闪着熠熠的光彩。

世人皆知北京景泰蓝，却不知莆田景泰蓝。明朝末年，清兵入关，莆田籍重臣朱继祚、林嵋等人率众抗清。林嵋在兴化城陷之前，安排明皇室御用工

林氏大厝大门正面 / 蔡润 摄

匠于江口刘井村林氏"百廿间"大厝内避难。明亡后，这些工匠就留在江口林氏的铸铜作坊里，于是，珐琅工艺开始了北艺南传、北工南作的历史，这项北方传统工艺在莆田林氏家族开始了数百年的传承。

历史就是这么微妙巧合，明末林氏族人林岷收留南下避难的明朝皇室人员及随迁御工，一个善举，回报以一个传世珐琅技艺，也使得明代宫廷御用珐琅技艺得以在南方保存延续，并不断发扬光大。

林氏铜铸胎掐丝珐琅工艺融合了明、清两代之精华，日臻完美。据介绍，林氏的第三代传人林学本为了深造珐琅技艺，曾于1940年3月北上求艺，拜北京梁大勇大师为师。目前，林辉是莆田林氏铜铸胎掐丝珐琅工艺非遗的第五代传承人，他的小儿子是第六代传承人。珐琅器所用的金属主要是铜，还有少

量用金、银作胎型的，先在掐好的铜丝纹样轮廓内填充珐琅釉料，而后烧结而成。莆田林氏的珐琅工艺以铸胎、镏金、重器、人物造像等特点，与北京珐琅工艺形成了明显的区分标志。2017年初，莆田铜铸胎掐丝珐琅工艺被列入福建省第五批省级非物质文化遗产代表性项目。

三

守望古厝，是守望文化，守望一份传承，守望一种精神。

看一眼"百廿间"古厝，传递给你的是沉稳、厚重的感觉。

古厝是一部岁月漫漶不了的乡愁记忆，一个家族和一片家园共同上演着起承转合、兴衰成败。岁月沧桑，古厝构成了一幅年代久远的画卷。

作为文化遗存，古厝是有生命的，不仅蕴含着深厚的文化底蕴和建筑美学，还演绎着人生坎坷故事，承载着无尽的悲欢离合。

林氏古厝是厚重的，承载有宫廷的传统技艺；林氏古厝是充满传奇的，牵连着南洋故事，延续着林氏族人打拼的历史过往；林氏古厝是古朴沉稳的，像一位德高望重的老者，充满着睿智和力量。林氏大厝，林氏技艺，是一张张隽永的文化名片。

江氏民居亦称为江春霖御史故居，位于莆田市涵江区萩芦镇梅洋村，始建于清嘉庆年间。江春霖，光绪二十年（1894 年）进士，曾官至新疆道，兼监察御史，访察吏治，不避权贵，"直声震天下"，宣统二年（1910 年）辞归故里。

　　该厝坐东南朝西北，占地面积约 4400 平方米，为三进七间厢六护厝大厝。中轴线上依次为矮墙、外埕、大门、内埕、下厅、天井、顶厅、后院、月堂厅（述志堂），两侧各有三条护厝，还设有楼下里、沉沙井等。该厝现有房间 146 间，天井 18 个，也被称为"百廿间大厝"，鼎盛时，住着四百多名江氏后人。三进主厅步步高升，顶厅为家族重大活动的场所，述志堂是祭祖的场所，也用于家族教育、习文会友，地势最高，空间开敞。

　　该厝规模虽大，但构造朴实无华，悬山搁檩造，前廊局部木构出挑。建筑就地取材，除了中轴线上的台阶踏步、天井周边的廊沿石和柱础用比较规整的青石、白石外，其他的基础、墙裙甚至护厝的外墙均选用本地不规则的杂石垒砌而成，墙体以夯土墙为主，粗犷简洁，经济适用。三段式屋顶屋脊为生巾脊，线条平直，粉墙黛瓦，平和内敛。大厝虽朴素，但功能完善。右后角原建有一个制高点——铳楼，四面设有观察孔、射击孔，用于防匪防盗。大厝内的 18 个天井组成了自后而前的排水系统，由高而低，从不淤积。

　　江氏民居现为莆田的廉政教育基地，2009 年被公布为福建省文物保护单位。

梅洋春色里的江氏大厝

李福生

　　梅洋村是一个位于莆田市涵江区萩芦镇山旮旯的小山村，被绵延起伏的群山温柔地簇拥着，环抱着，安详地静卧在充满烟雾的帷幕中，在梅洋村的一处山坡上，有一座气势恢宏的"百廿间大厝"，是涵江江氏民居。

　　在群山环抱中，江氏大厝呈现出一种神秘和沧桑的色彩，依山傍水的形势，高低错落的灰瓦屋檐，前方恬静的田野山林，周边连绵拱卫的村舍，构成了江氏大厝颇有意味的地理环境。清代监察御史江春霖，就诞生在这座方圆百里家喻户晓的大宅里。江氏大厝前的小广场上，江春霖的石雕像让人肃然起敬。

　　江春霖御史的一生中，经历了甲午战争、洋务运动、戊戌变法、庚子事变、辛亥革命等社会大动荡、大变革的时代，见证晚清国运衰微、民生凋敝的社会

江氏民居外大门／何云基 摄

现状，故政治交往颇多。返归梅山后，其足迹遍及福、莆、仙各地，此时虽脱离官场政治，然其社会影响力仍然存在，从他晚年的社交中略见一斑。

　　江春霖故居是他的居住地，为江氏入莆之六世祖奋銮公首建于清乾、嘉年间，咸丰、光绪年间维修，具有典型的清代江南民居的风格，简朴实用，至今有两百多年历史。历代有增建、扩建，形成今日之规模，如今是146间。在上世纪70年代，江氏后裔为拓宽住房面积，在原部分平屋内增建半楼，形成当前的布局。

　　由外大埕进入内围墙中间有一简朴的小正门，门上的对联"源从济水，派衍淮阳"，显示了江家自河南衍派而来的源流。门边立有"江春霖故居"和"涵江江氏民居"两块石牌。

　　由内大埕而上进入大厝主体建筑之"下厅"，大门的门当上有一"文魁"

江氏民居下厅大门/何云基 摄

江氏民居顶厅内部／何云基 摄

匾，系江春霖之父江希濂于同治乙丑科中举人时所挂。大门联为"柏叶家风古，笔花春色新"，门楣为"文魁"。

二进为"顶厅"，为家族重大活动的场所，原有三块匾，一为"进士"，系江春霖甲午科中三甲进士时所挂，另二匾为七房、八房谢恩、祝寿匾。

第三进是"月堂厅"，即述志堂，地势最高，比第二进高出一米多，雄踞在高平的石台基上，显得特别轩昂开敞，光线充盈。凡江氏子孙要走出梅洋江家大院或从外回乡，都要到此祭拜祖先，并向祖先叙述自己的志向。

述志堂厅内，挂着两对对联，一联是江春霖同科一甲第三名（探花）郑源所书，上联"柏府树清标千古风霜留谏草"，下联"笔亭传好梦一门孙子种奇花"。另一联为江氏家族传宗联句，上联（命名时排辈分用）"祖宗启瑞应昌年声振云来寿扬天作"，下联（结婚写表字时用，与上联一一对应）"孙子承光联肇锡书尊孔孟学宪圣贤"。述志堂正中拜台上，供着江家入莆始祖牌位，为江春霖御史所书，黑底金字。

故居护厝之一"新厝里"在光绪乙未年（1895年）扩展为三层楼房，命名为"半耕书室"。此时江春霖已考中进士，后来他专为该书室写一篇跋（收入《江春霖文集》）并制一匾悬挂，"示子孙毋忘稼穑艰难也"，告诫后世子孙"食旧德，服先畴，入为肖子，出为良臣"的家风。新厝里大门有江春霖第二子江祖苣所书之四言对联"儒臣门第，耕读人家"，门楣为"省三""勿四"，取自曾子之"三省"和孔子之"四勿"的儒家规范。半耕书室为江春霖归隐后的起居所在地，二楼南墙上原挂有三幅像，中间为慈禧太后像（三彩瓷雕立体像），左为光绪皇帝像，右为其母林太淑人像，足见江春霖以"忠孝"立身传家的儒臣懿范。

其实江春霖的故居，在江氏古民居里仅有几间。江春霖一生为官清廉，身后几乎没有什么财产。江御史曾住过的卧室，如今小屋依旧，可是早已物是人非，只有斑驳的灰墙，拥着痕迹沧桑的旧家具。

在故居的左侧原有一座社公和一座江氏宗祠相连，完全按"左祠右社"的传统布局。江氏宗祠曾作为"县立梅阳国民小学"校舍，后圮毁，仅有一对联（刻于石柱，保存完好），为清末宣

江氏民居述志堂／何云基 摄

统皇帝国师闽县陈宝琛所书，上联"一经传业基忠孝"，下联"百世闻风起懦顽"。江氏祠堂内原有江春霖自京师归隐时所带回的仪仗牌等物，计有"肃静""回避"牌一对，武英殿撰修、国史馆协修及五道监察御史大牌等文物，可惜均毁于"文革"时期。

故居新厝里内曾存放一套围屏，计有十二扇，每扇分三格，上为红底金字，中、下各为精工细雕之花鸟、松鹤、蝙蝠、麒麟等民间传统吉祥物，三重浮透雕。围屏上的字及内容为探花郑源所书，该围屏系江家逢重大喜庆家事时（如结婚、祝寿、谢恩等）摆放大厅，可惜围屏在"文革"时期被毁掉，已无从考证、复制。

江氏大厝除述志堂、半耕书室外，梁、栋均无雕刻贴花，显得朴实大方，这也符合江氏节俭治家的宗旨。江春霖从这样的家庭走出梅洋，从小养成聪颖好学、刚正慧直、言行一致的良好品行。

从江氏大厝的布局和家风家训中，不难看出江家尊师重教、读书明理的思想传统。江春霖祖父江文波（秋潭公）是名秀才，"身虽青衿，犹桔槔灌田"，堪为勤奋节俭、纯朴家风的表率。江春霖的父亲江希濂饱读诗书、一生节俭的行为，母亲的贤惠包容、刻苦耐劳对幼年的江春霖都起到了很大的影响，使他心中暗暗立志，秉承家风，不忘初心，不改本色。江春霖自幼便在这个良好的环境中读书，并得益于严谨的家教。他从小敬仰诸葛亮、包公和海瑞，推崇他们不屈不挠的斗争精神，立志要当个正直的监察御史。

江春霖在京城为官期间，其母亲、夫人和弟弟全家仍留在深山老家，过着艰苦的农村生活。江春霖一生无意当诗人，正因为一身正气，其诗词也直抒胸臆，透出一股豪迈凛然之美。

江春霖从小就练就一手好书法。据说在他17岁时，邑人让江春霖父亲给村里的昭灵宫题匾，其父正在构思之中，江春霖已经写出来了，邑人见其字刚劲入木，便欣然采用。江春霖后期的书法，瘦劲有骨气，字如其人，也得到如今收藏者的喜爱。

江春霖为何受到莆田人民爱戴？他在京时，曾三次疏陈莆田官吏上下勾结、田赋不均，请饬限期清理。江春霖回故里后，对家乡的社会公益事业，无不竭尽心力以赴。如主持修建江口九里洋水渠、涵坝海堤、镇前海堤、南埕海堤、梧塘沟尾堤、哆头陡门等水利工程，以及募建萩芦大桥和林尾、唐安、泮洋、陈墩、霞坂、双霞溪等石桥，对施工财物，点滴归公，并亲自捐资以助，力促其成，万人德之。涵江"下孝义二十四乡"中的陈桥、梧塘（南梧塘）、沟尾等村，因地势低洼，面临大海，水患频仍。当地父老请春霖主持兴修水利之事，他慨然允诺，认为筑堤障海是保护农田水利根本大计，并亲到陈桥、沟尾等村观察地势。

江春霖还十分重视涵江卫生事业的发展和文物的保护，在其文集里，如《劝募涵江兴仁医院经费序》《募修雁浔塔围墙序》《倡修黄冈祠募捐序》及《募修国欢崇福寺序》等，点点滴滴，无不留下他对家乡、对贫苦民众深沉的爱恋之情。

改革开放后，省市区各级政府先后拨款400多万元，对故居进行修旧如旧的整修。故居前左边立了江春霖塑像，右边建了阁亭，前方竖立戒石铭，为朴实的故居添光增彩。

站在江氏古民居屋后的小山坡上望去，江氏大厝并没有莆田许多古厝那高高翘起的檐角，屋顶、墙体、门窗和普通平房无异，这些都印证了江氏子孙不事张扬和俭朴的个性。其传家门联"儒臣门第，耕读人家"，"省三""勿四"，是对江家人最好的诠释。

仙游海安朱氏民居

朱氏民居位于莆田市仙游县枫亭镇海安村坪顶自然村墘下，由朱杞始建于清光绪三十三年（1907年），竣工于1929年，1961年扩建两边护厝。

该厝坐北朝南，二进七间厢四护厝，平面呈横向长条形，通面阔52.2米，通进深38米。上、下堂均进深七檩，"明三暗七"做法，中间天井以榉头房分隔成三个小天井，明间为主厅，两侧各设厢厅，分别对应前面的天井，成为三个小合院。主厅为家族公共活动空间，前厅宽敞，太师壁后做福堂。厢厅及护厝为各小家庭居住、起居空间。整个空间布局轴线清晰，主从有序。双护厝向前大埕伸出，其当心间升高为二层，前出廊，歇山顶飞檐翘角，造型优美，被称为龙凤楼。右护厝前建三间石牌坊，左护厝前建石塔。据说，其平面暗含八卦乾坤图：上下厅堂为"天地"，左右龙凤楼为"日月"，东西七门为"七星"坠地。

该厝为山墙搁檩造，仅在前后廊与廊厅、隔架科的位置施以木构，构造朴素，用料较大。外立面采用闽南地区常见的红砖白石燕尾脊的做法，天际线丰富多变。凹寿式大门装饰讲究，柜台脚、柱础浅浮雕花草；长方形的裙堵以卷草纹浮雕为框，框中阴刻描红"乩示"的文字，如"诚志族福""传树究策"等，体现了仙游一带独特的建房习俗；身堵则饰以进口的日式马约利卡瓷砖，色彩艳丽，造价高昂，体现了主人不俗的经济实力。

寻访海滨传说

林智标

传说在清光绪十四年（1888年）时，神灵启示"有天神降临人间，驾云林寺，当往攀迎"。这一年农历八月十五，王氏率领子嗣奉香前往迎接神驾，并在观音亭的左侧立"忠臣庙"供奉。为感念王氏一家八口人的虔诚仁善，清光绪三十年（1904年），天神特赐示"七星罗布"吉祥宅地，从此浩瀚的大海之滨，一座民宅大院便渐渐拔地而起，前后历时二十多年，建有厅堂22个，房间192间，一百多年来成为一方美谈。

王氏乃入闽朱氏三十三代赏保公的遗孀，夫君早逝，生活十分艰辛，年轻的王氏以仁德教育五个儿子，辛辛苦苦将他们拉扯长大成人，赢得了乡里乡亲的赞颂。起初兄弟们靠帮人捕鱼度日，因能吃苦耐劳，品行仁厚，得到了乡亲们的帮扶，不久做起了海上生意，生活渐渐宽裕起来，兄弟们就按天

俯瞰朱氏民居／朱福忠 摄

神的赐示在海边择地建房，这便是"海安朱氏民居"。

朱氏民居位于仙游枫亭海安墩下坪顶，坐北朝南，面向大海，门前原是海滨滩涂，视野开阔，一眼可见海浪滔滔，渔舟片片。古民居为土木结构，中轴线上依次为上堂下厅，左右各建护厝两纵，每纵设天井一个，有"一宅五天井"之誉。古民居门前大埕用红砖铺就，左右两侧各建阁楼一座，斗拱翘角，精致美观，大埕右前侧建有花岗岩门坊一座，门楣刻有"万里青天"四字，雅致清秀。古厝朝面墙壁下节是青石镶面，上节为红砖图案，青石条柱支撑，开五个门。从中间正门进入就是下厅，厅后有木板墙隔开，中间摆着条案，木墙左右各开一门。过木门，经天井，就是大厅，大厅宽敞明亮，由木墙隔成前后两间，木墙前摆有条几香案，木墙后便是狭窄的殿堂，密密麻麻摆放着祖先灵牌。从大厅两侧过道就可直接进入两纵护厝，过道两端各开有一门。整座古民居呈左右对称结构，布局简洁却错杂有致，古味盎然，就这么一纵一间走过，有穿越的感觉，让时光一时恍惚。

朱氏民居花岗岩门楼／朱福忠 摄

朱氏民居正大门 / 何云基 摄

朱氏民居厅堂神龛 / 何云基 摄

据陪同参观的乡贤朱先生介绍，古民居现存规模并不是一次建成，当时朱家五兄弟生活上虽宽裕了点，但还是难以承受如此庞大的工程，于是便从长计议，先设计好建宅蓝图分期建筑，平时省吃俭用，有一分攒一分，攒足一定资金就开始建房。起初只建"三开间"一座，本来厅堂两侧房间应朝大厅开设，为确保厅堂更加宽敞，兄弟们别出心裁将房门朝外开设，那时两侧护厝还未建造，每逢下雨出门十分不便，就用甘蔗叶编成遮雨檐，极其简陋。后来，人丁越来越旺，经济越来越好，就逐步建造下厅与护厝。为了居住舒适与相对独立，每纵护厝都设有天井与正门，古厝共七门，将大门全部关闭，就成了一座又安全又温馨的宅院。

聊天中朱先生告诉我，传说古民居是按神灵的旨意建造，当年因人丁不足，压不住吉宅风水，就将神灵请进厅堂供奉，又在屋前左右阁楼分别供奉"魁斗大帝"与"阎王天子"，从此之后，族人幸福安康，万事胜意，顺利地做上海上贸易生意，一时名声大振，显赫一方。古民居开创了人神和谐共处的

朱氏民居左护厝及石塔 / 朱福忠 摄

先例，也为族人留下独特的习俗。按当地原来习俗，凡是 50 岁以上的老人去世，必须停放厅堂，叫"坐厅堂"，这是死者的荣耀；而 50 岁以下不幸早逝的，就只能停放下厅，被视为一生的憾事。而朱氏古民居厅堂自从供奉了神灵，为了表示对神灵的恭敬，族里丧事都在下厅进行，祖先的牌位都摆放在下厅的香案上，而族里要是有什么婚事喜事还在厅堂举行，就形成了"上厅办喜事，下厅办丧事"的习俗。直到 1995 年族里人丁旺盛，族人在古民居后择地重建 "忠臣庙"，才将神灵请离古厝，但这习俗一直延续下来，只是将祖先的牌位移回厅堂。现居住在古民居里的夫妇二人，谈起此习俗时

一脸笑哈哈，大婶说自己百年后就将停放在这古厝下厅，这是她的福气，也是子孙的福气！

朱先生说，建造古厝时族人才8口，三十多年间发展到83口，全族和睦相处，相亲相爱，仍然吃"一锅饭"，直到1937年由于抗战全面爆发，波及经济，生意惨淡，才分为五房各自生活。朱先生说话时几分自豪，几分感叹，他说一百多年来的世事沧桑，古民居得以完整保存下来，都是得益于神灵的庇佑和祖上的仁德祖训。古民居上下厅堂悬挂着不同时期的匾额，以直观的文字形式展现着朱氏族人的人格修为和品行期许，而这些敦厚亲善的家族品性都源自于一种神秘的神灵崇拜。朱先生又带我观摩古民居大门左右墙壁上的石刻，石刻如行云流水，呈狂草状，笔画极其流畅秀美，认真一看，每个字似是而非，不知所云，蒙着一层十分神秘的色彩。

古民居的子孙繁衍至今已经有千人，兴旺发达，而古民居早已成为一个时代的记忆，一片深深的乡愁，以符号的形式立于大海之滨。对神灵的崇拜也许只是对自然的敬畏和对生命的尊重，也许某些神秘文化要比直观文化来得更有吸引力，但所有这些都必须通过文化形式得以展现和传承。

朱氏民居右护厝/何云基 摄

南安蔡氏古民居

蔡氏古民居建筑群位于泉州市南安市官桥镇漳里村漳州寮自然村内，是由菲律宾华侨蔡启昌及其子蔡资深于清同治六年（1867年）至宣统三年（1911年）兴建而成的庞大建筑群。整个建筑群除西端一座为东西向外，其余均坐北朝南，总建筑面积16 300平方米。现存较为完整的大厝16座，遗址20余处。各大厝前后五排七列平行排列，井然有序，前后以宽10米左右的石埕院相隔，左右以宽2米左右的防火通道相连。

　　现存大厝基本都是闽南典型的官式大厝（俗称"皇宫起"）的格局，五间张二落或三落大厝，两侧有的带双护厝，有的带单护厝，布局规整，中轴对称。被称为"莆阳世胄"的蔡浅（蔡资深）自用宅是其中保留最完整、功能最齐全、等级最分明、装修最上乘的大厝。最东端的醉经堂，建于光绪末年至宣统三年（1908—1911年），是建筑群中建造最晚的大厝，小而精，前有挂落敞厅、花圃，后有灶间库房，为宴客、聚餐之所。此外，建筑群中还建有蔡氏宗祠、书房、典当等建筑，功能完善。东北角上的德棣厝还有一座别致的梳妆楼，三面通风，角端悬出一间小巧的厕所，独具匠心。

　　整座建筑群采用闽南地区典型的红砖红瓦白石燕尾脊的做法，红白相间的色彩、三段式的硬山屋顶、高高起翘的燕尾脊、整齐有序的建筑序列，在蓝天白云的映衬下，尤其壮观，充满了节奏感与韵律感。

　　整个建筑群用料讲究，装饰精美。许多建筑材料都是从菲律宾海运过来的，造价高昂。木雕精美繁复又兼顾承重功能；红砖或拼砌或浮雕，尽显地域特色。儒、释、道、伊斯兰教文化与南洋、西洋艺术全部在此粉墨登场，无怪乎有人形容其是一座"大观园"。2001年被公布为全国重点文物保护单位。

　　链　接：
　　蔡氏古民居，是闽南华侨建筑的典型代表，以闽南传统红砖、赤瓦、白石基的"皇宫起"建筑为本，融合了大量外来的元素，印度的象头神、新加坡的鱼尾狮、伊斯兰教的火焰门、憨态可掬的"番仔扛厝脚"等带来了不一样的文化巡礼。

访漳州寮

蔡飞跃

　　我喜欢乡村，缘于它是固守民风民俗的最后防线。而古厝，是乡村的性格，是乡村的历史脉搏，是乡村的灵魂。泉州一带习惯将三合院、四合院类型的房屋称为"皇宫起"。"起"的意思为建造，"皇宫起"便是按皇宫式样建造的大厝。闽南乡村的古厝，通常一座一个业主，南安市官桥镇漳里村漳州寮自然村是个例外，23座府宅由蔡启昌和他儿子蔡资深独资或资助筑造，俨然是一座"民间皇宫"。

　　说不清的理由，我是南安人，即使目前居住在泉州古城，距离南安官桥镇蔡氏古民居不过20公里，我却一次又一次推迟造访，直至前几年六月，我痛下决心奔赴漳州寮自然村。去之前，我是收集了相当多资讯的，但脚刚迈出车门，古厝群的气势还是一下把我震慑住了。2座宗祠、13座民居大厝和可观

鸟瞰蔡氏古民居／许保全 摄

蔡氏古民居吊筒及托木木雕 / 唐华 摄

的附属建筑，有序分布在长方形地域中。从远处看，整个建筑群一头大，一头小，仿似一把琵琶。大厝的布局体现闽南营造技艺的风水玄理，遵循中轴线对称、多条理进深、光厅暗房的规制。

漳州寮，名号好别致！

村名的由来众口一词：清朝中叶，几个蔡姓农人从晋江迁居官桥墟外垦荒。一天，泉州知府微服私访路过，见到田亩边搭盖几处茅棚，没有一座像样的房屋，追问其详，一个农民用闽南话答道："将就寮。"知府再问有何含义。一个青年农民抢先回答："我们初来乍到，没有闲钱盖房，先搭茅棚将就，村子取名'将就寮'，等待日后发达，一定建几座漂亮大厝。"知府连声夸赞年轻人有志气，建议村名取闽南语谐音叫"漳州寮"，漳州是闽南历史文化名城，好记又好听。大家颔首称可，村名就这样流传开来。漳州寮现在是村民小组，村委会叫漳里。当时的青年农民名叫蔡树清，号启昌——蔡氏古民居建筑群的建设先驱。

泉州濒海，宋元时期便是东方第一大港，老早人们就有漂洋过海讨生活的习俗。清道光末年，在亲友资助下，蔡启昌移居菲律宾。起初四处打工积攒资金开了一间香烛店，生活总算安定下来。咸丰四年（1854年），16岁的蔡资深下南洋辅助父亲蔡启昌。蔡资深乳名浅，字永明，号安亭，生于清道光十九年（1839年）。父子几年打拼，生意越做越起色。蔡启昌同治四年（1865年）衣锦还乡，两年时间大兴土木，村边漳州寮风水宝地"琵琶穴"崛起两座大厝，即"启昌厝"和"攸楫厝"。风水先生曾向蔡启昌父子建言："在琵琶穴建房子，有石头敲击不停的声音，家族的财源就源源不断。"蔡资深听在耳里，记在心上。

启昌厝闽南形制，南洋装饰风格，建筑面积 719 平方米，三进五开间带东西护厝。大门两边雕有鱼尾狮，是新加坡吉祥物。立面水车堵泥塑与门廊彩绘交相辉映。大门设正门仪门，正门"锦阳流芳"匾额高悬。竹叶形石刻组成门联："锦亭家声旧，五里世泽长。"锦亭系晋江东石东埕蔡氏堂号，表明蔡启昌一族为晋江锦亭蔡氏的支派。

攸楫厝安居启昌厝的厝后，两座大厝建筑面积一样，立面也十分相近，选择红砖组砌；门廊上，彩绘人物与砖雕灵禽瑞兽栩栩如生，闽南精湛工艺跃然其上。

蔡资深在父亲归梓后留在菲律宾，不断拓展经营范围，涉及布店、百货、米店、椰山、橡胶业，成为马尼拉屈指可数的巨商。他认为"久远之业，商不如农"，把大量财富转移到国内，继续在漳州寮广购荒地，组织族人垦殖，清

蔡氏古民居正门/唐华 摄

111

光绪丙戌年（1886年），在启昌厝东侧建了一座府宅，这座大厝归在次子世双名下，从此有了厝名：世双厝。

蔡资深没有忘记当年风水先生说过的话，有了大把灵活支配的款项，便陆续为兄弟、子侄建造"皇宫起"大厝。一座古厝，一腔亲情，从建启昌厝到清宣统三年（1911年）醉经堂的完工，历时近半个世纪，漳州寮内流淌着石头敲击的声音。

清光绪己丑年（1889年），漳州寮石头欢唱最为悦耳。这一年，蔡资深倾注巨资为三弟德梯、四弟德典、长子世佑和四子兴建了德梯厝、德典别馆、世佑厝和彩楼厝。砌砖声、凿石声此起彼伏，仿似歌手的轮唱，听得蔡资深心花飞舞。清一色的红砖墙、白条石、燕尾脊，唯一不同的是世佑厝屋脊上饰有"龙吻"。"龙吻"是古代民间的吉祥物，常用于七品以上官员府第屋顶装饰。世佑早年随父往菲律宾经商，以功封"通议大夫"，任古田县正堂，屋顶的"龙

蔡氏古民居天井/唐华 摄

蔡氏古民居屋脊／夏日利 摄

蔡氏古民居厅堂里悬挂的蔡资深肖像／夏日利 摄

吻"是他身份的一种象征。

德典厝和世用厝、德典别馆并排而建，和其他大厝一样，蔡资深顶戴花翎的肖像高挂厅上，他一脸富相，和蔼可敬。我对这座大厝顿感好奇：什么原因？蔡资深在为四弟建了德典别馆后，又建了这座面积863平方米的大厝，门柱阴刻联文"汉中郎桐琴遗世，宋学士荔谱传芳"，尊汉代蔡邕和宋代蔡襄为其远祖。"荔谱"是蔡襄文集的书名，我老家祠堂也挂有"荔谱传芳"的门匾。

漳州寮蔡氏出自蔡襄一脉。

屋脊上饰有"龙吻"的还有蔡浅厝，以蔡资深的乳名命名。蔡资深人生最后几年是在这里度过的。这座大厝布局最为完整，轴线完全对称，雕饰无比精美。额书"积善余庆"可以看作蔡资深一生为人的写照。蔡资深身份显赫，因慷慨捐资兴学、赈济灾民，被大清皇帝诰封为资政大夫，妻子封二品夫人，他的住所当然有资格装饰"龙吻"。

太阳火辣辣的，躲进蔡厝讨茶喝，厝内住家早已腾空，用于接待重要游客。守门的是位蔡姓老人，兼作导游，一杯茶在手、在口，更在心。与他对晤中，蔡资深的形象慢慢清晰起来。

蔡资深喜欢与文人墨客交往，是个精神明亮的人。他捐资修建泉州府文庙考棚、南安文庙、书院，开始与清末晋江籍状元吴鲁交往，并由吴鲁引荐结识陆润庠、吴拱宸、庄俊元、吴增等名流。我终于明白了，走过的几座古厝的厅堂，都绘有不止一幅名人墨宝，题词者从状元、榜眼、探花，进士到举人，不乏名家手笔。岁月风雨的侵袭，有的墨迹虽然难以辨认，但仍维持着那份雅致。

思绪还是回到漳州寮。蔡氏是个大家族，蔡资深的3个弟弟共生育十来个子女，而他也生养了15个子女。他为子侄营造了舒适居所，又深谙守业不能忽视教育，斥资兴建了一座书轩——醉经堂。书轩面阔三间，纵深三进，前有花圃，内设敞厅，后为库房，扉联书"醉写唐诗留淡墨，经心建焙品名茶"。建成后，延请泉州府最博学的塾师任教，当地名人也前来兼职授课。

这厝进那厝出，惊喜一个接着一个，无处不见的石雕、砖雕、木雕、泥塑会说话。浮雕、线雕、半透雕、镂空雕等石雕庄重地出现在大门门楣、门簪、正门屋檐下、墙壁、柱础；醉经堂、世双厝、世佑厝大门等处整幅的砖雕，使得红砖艺术更为精彩；木雕散见于梁枋、雀替、垂花、窗扇；泥塑加彩绘多用于屋檐下的水车堵。精美绝伦的石雕及泥塑中的鱼尾狮，透露出南洋文化的气息，葱头形山花则体现伊斯兰艺术，斗拱上的力神具有西方建筑的装饰倾向。

我脚步轻轻地走进世用厝，它的第一代主人蔡世用是蔡资深第三子，人品是可敬重的。他一生务农，诚实敦厚，深受其父器重，被委任为古民居群的建设总管。在整个工程基本告竣时，他才于光绪丁未年（1907年）兴建自家住宅，除了门厅内墙檐下彩绘长卷，没有多少雕饰，在群体中最为简朴。

醉经堂落成的那一年，蔡资深病逝，这座书轩为蔡资深的家乡建设篇章画上句点。在历史长河中，一百年不过是弹指一挥间。当我在古巷里徜徉，心在跳跃翻腾。面对宏伟壮观的古民居，遥想当年火热朝天的建设场面，我似能感到这块沃土上石头在歌唱！仰望辽远苍穹，我又想起这里正在发生的崭新故事。漳州寮是幸运的，它因营造技艺精湛，已列入全国重点文物保护单位和第二批国家级非物质文化遗产，日后将会承载更多的传奇。

南安中宪第

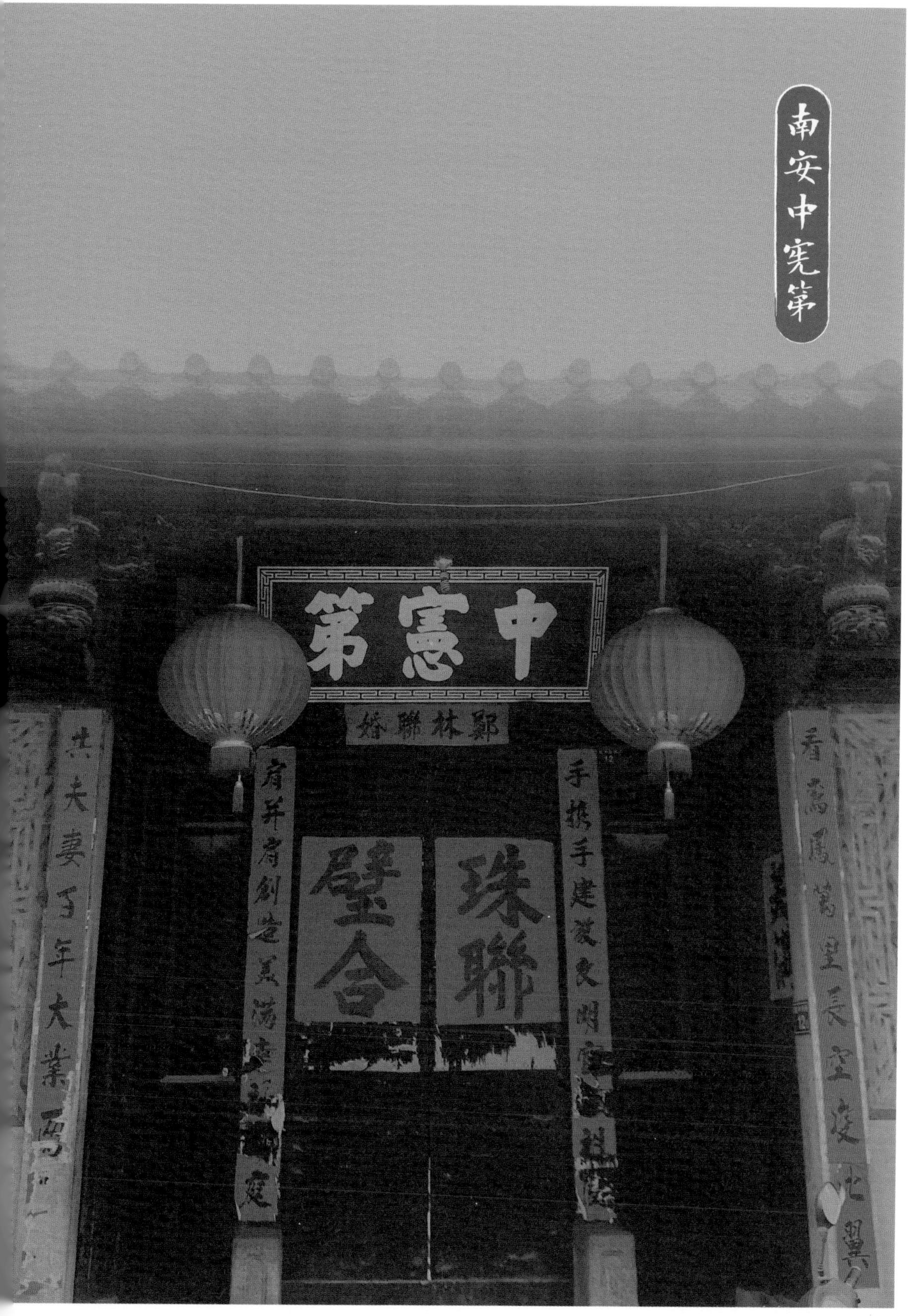

中宪第又名"九十九间"，位于泉州市南安市石井镇延平街道，始建于清雍正六年（1728 年），系郑运锦赴台湾经商致富后回乡建造的，历祖孙三代才完工。因其长子郑汝成被诰授"中宪大夫"而得名。

中宪第坐东南朝西北，占地面积约 14 000 平方米，建筑面积 7780 平方米，号称"闽南第一古厝"。中轴建筑由门厅、大厅、中厅、后厅组成，东西各一条护厝，西护厝之外加一条重护厝，重护厝之外还有演武厅、梳妆阁、书院、鱼池、曲桥、水榭、小园林等。

其平面有独到之处，由内外双圈组成，门厅、后厅与双护厝连成外圈，大厅与中厅围合的内院组成内圈。大厅、中厅都是"明三暗五"的做法，前后天井在对应厅堂次间缝架的位置做插屏墙，墙前做敞廊，墙后隔出一个小天井和一个小轩房，闹中取静，采光通风良好。每个厅堂的前后天井之间、主座与护厝之间均隔以实墙，中间设石框门洞连通，有利于防火。后厅面阔达到 13 间，开间较小，作为后勤用房。

中宪第立面也是典型的闽南官式大厝的红砖白石红筒瓦，三川脊硬山顶，燕尾脊高高起翘，沿山墙做规带。大门双凹寿做法，对看堵上以红砖拼砌出"卍""四碗菱花"等图案，吊筒、托木、束随等部位也精雕细刻。中厅、大厅采用抬梁、穿斗混合式结构，前轩廊构件几乎无处不雕，在原木色基础上或明漆贴金或衬彩色套板，十分精美。

中宪第是研究闽南古建筑与闽台关系史的珍贵实物资料，2013 年被公布为全国文物保护单位。

🔖 故乡的中宪第

郑剑文

  记得小时候常念一首歌谣："泉州府，南门外，四十三都第一厝；中宪第，大厝内，九十九间最有名……"这歌谣说的是故乡石井中宪第。

  这座闽南古大厝是清雍正年间由郑运锦兴建的。据郑氏族谱记载，郑运锦生于清康熙年间，早年潦倒，后来外出打拼，从事海上贸易，成为闽台两地富甲一方的大海商。

  清雍正六年（1728年），郑运锦衣锦还乡，在石井斥巨资建造了这座结构精巧、规模宏大的宫殿式府第。中宪第实际上共有房间112间，但由于不符合古代建筑礼制，所以对外佯称只有99间，因此，"九十九间"也成为中宪第的别名。走入中宪第，那长长的走廊，深深的庭院，幽幽的巷道，让人生出

中宪第全貌／郑剑文 摄

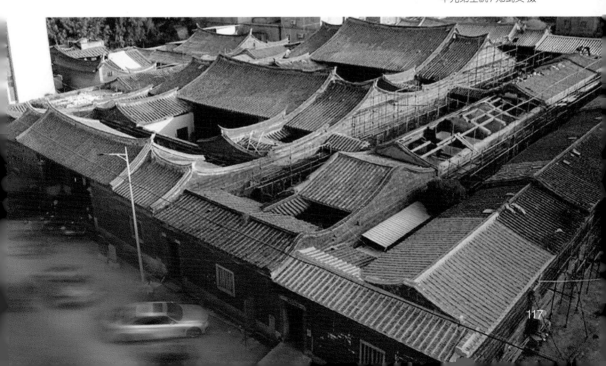

俯瞰中宪第 / 郑剑文 摄

一种"庭院深深深几许"的神秘感，仿佛有走不出去的感觉。如今，中宪第已栉风沐雨近三百年，却仍基本保存完好，可以说这是一座集闽南传统建筑之大成的古建筑。

故乡石井三面依山，一面临海，宋设有"石井津"，置"巡检司"，明建"靖海寨"，筑"烟墩铳城"。这几个名字都与大海密切相关。是的，自北宋开始，南安石井就是中国东南沿海一个名副其实的海都。尤其是在明末清初时期，石井出海口更是一处繁忙的水道。那时，郑芝龙、郑成功率石井郑氏家族的船队如蛟龙出海，闯荡海疆，建立海商武装集团，开拓了东西两洋的海上贸易通道。

中宪第这座规模宏大的清代古建筑的建造者郑运锦是郑氏后人，它演绎了泉州海外贸易史的一段传奇，也记录着闽台血浓于水的一段情缘。

"出砖入石燕尾脊，雕梁画栋皇宫起"，说的就是中宪第的富丽堂皇。这座建筑坐落在石井鳌石山与五马江之间，远远看去，整座建筑飞檐翘脊，红砖白石，规模宏大，宛如一座深深的宫殿。这座古大厝，有着一段大海传奇故事。

郑运锦开设"勃兴行"，经营海峡两岸的稻米蔗糖生意。清雍正初年（1723年），他押着满载着大麦的帆船航行在台湾海峡上。突然风雨交加，大麦泡水发芽。台湾彰化时发瘟疫，麦芽有治病功效。郑运锦的商船一靠岸，那发了芽的小麦既救了许多人，又换来了许多银子。郑运锦因祸得福，意外地挖到第一桶金。同年，彰化县令朱山挪用库银万两赈灾，却遭同僚诬告。郑运锦又筹集一万两白银帮朱山补齐亏空库银。不久，朱山升任台湾知府，为报此恩，特地下了一道文告：凡是船上插有"勃兴行"旗号的商船，一律不必检查纳税。

发迹后的郑运锦在台湾彰化鹿港开设"勃兴行"，扩大海上贸易，许多商号也纷纷向他交纳酬金，以他的旗号经营海上贸易。于是，"勃兴行"很快成为蜚声海峡两岸的大商号之一，他的海上贸易迎来了事业的巅峰。

闽南有个习俗，人一旦事业成功，就需建造大厝，郑运锦也不例外。大厝落成那天，台湾知府朱山派人专程送来"恩伦世宠"的匾额以示庆贺。郑运绵终于衣锦还乡起了大厝，这自然风光无限，但不论如何，他仍是一介平民，虽然他的大厝那么壮观，却没有一个堂皇的名称，这不能不说是一大遗憾。后来，因其子郑汝成由贡监生授州司马，加五级并诰封中宪大夫，并荫及三代，从此"中宪第"成了这座闽南大厝的名字。

郑运锦少时失学，发迹后更为推崇文化，他把尊文崇武的理念融入建筑中。中宪第建有书轩、演武厅，其中就有文韬武略之意。中宪第西侧，水榭亭阁、曲桥流水点缀其间，动静皆宜，错落有致。

中宪第屋顶燕尾脊 / 洪秋月 摄

　　上世纪70年代，中宪第西边的书院及演武厅曾改作小学校址，我有幸在那里读过。记得演武厅后面有一个荒芜的园子，有假山、曲桥、鱼池，花园因年久失修，杂草丛生，就连演武厅也漏雨坍塌，书院的墙体也倒了一段，有几条刻有字迹的石柱斜卧在草丛中。

　　园中有个月亮潭，仍旧在那个寂寞角落里，只是已瘦成了一泓弯月，让人徒生几分岁月的沧桑。潭边有一小楼临水而立，那小楼又叫梳妆楼，是小姐读书之处。当年我们读书的时候爱在桥边玩耍，每每看到那深闭的闺门，总能生出一些不着边际的幽思来。其实，那荒废的园子更为有趣，花草之间有蝉儿可捉，有蟋蟀可捕，偶尔还有蜈蚣出来吓人，那真有鲁迅笔下百草园的味道，只是那时我并不懂珍惜。

　　记得中宪第大门前曾有一个宽大的石埕，石埕前立一堵高高的照墙，据说早些时候大门前边还有旗杆夹与下马石，那些石构件足以说明当时郑家之显赫地位，可惜那些东西如今都难以找寻了。那时，站在中宪第门前，前有蓝蓝的五马江为带，后有青青的鳌石山为屏，可谓占尽地利。

　　清初，朝廷为了压制郑成功的势力，在沿海一带厉行禁海迁界，石井的一些建筑，包括郑氏宗祠、郑成功故居，几乎都被焚毁一空。数十年后，中宪第在这一片荒芜的废墟上矗立起来，且又那么气势恢宏，这似乎在极力地证明一些什么。

后来，中宪第前面的大石埕改成了小镇的农贸市场，市井的喧嚣打破了古厝的宁静。再后来，镇区改造建设，那个宽大的石埕被改成水泥大道，高高的照墙也被拆除了，一排排楼房远远地隔开了古厝与大海的距离。如今，中宪第就隐身于一群高楼大厦之中，站在古厝前面已经看不到大海，也听不到涛声了。

郑运锦的后裔大多迁往台湾及东南亚一带，仅台湾一地就有数百人之多。如今居住在中宪第的郑运锦的后代已经不多，古厝一部分房子租给了外来民工。近年，有关文史专家曾多次对中宪第进行过实地考察，认为其建筑规模、建筑风格在闽南地区极具代表性，蕴藏着深邃的多元文化内涵。

那天，我走入久违的中宪第，一到大门，抬头便望见门额那匾额上写着苍老遒劲的三个字"中宪第"，穿过大门，踏上气派的厅堂，依稀可辨梁架和门扇皆配有精美木雕，只是岁月风蚀了许多细节。沿着演武厅旁的小道走，便可看到九曲桥了，从小桥拐入一小园子，便可见一池子静水，那就是月亮潭了，穿行其间仍然有"小桥流水人家"的雅致。

中宪第厅堂插梁减柱造 / 洪秋月 摄

走着走着，就遇上了郑运锦的后人，同是郑氏族人，自然多了几分热情，喝着铁观音，说着故乡事，便有了更多的话题。老郑说，中宪

第建造时用了不少的木石材料，那可都是从台湾运过来的，你看大厅台阶上的那白花岗岩大石埕，本地哪有那么大的材料？还有，那石柱、门框也均为台湾青白两色的花岗岩雕琢而成，而房上顶梁等其他木构件也采用了台湾名贵的杉木、楠木。如今，台湾仍有不少郑运锦的后人，郑运锦的故事在海峡两岸广为流传。

我徜徉在中宪第里，走着看着就生出一种"风流总被雨打风吹去"的感慨来。许多院落、假山、池潭大多荒废了，有的仅存残垣断壁，那建筑构件散落在荒草之中，让人不免嘘唏。我也曾多次陪文史界的朋友探访中宪第，面对那颓废的古建筑，朋友也是一脸凝重，他说，中宪第主体建筑基本完整，只有部分附属建筑被损毁，这是研究闽台关系史和闽南古建筑的宝贵实物资料，应该得到更好的珍爱与保护。

2013年5月，中宪第因其独特的建筑特色与深厚的历史内涵被列为全国重点文物保护单位。最近，有关部门已拨款按照修旧如旧原则，着手对中宪第进行大规模的维修与保护，尽可能真实完整地保存中宪第的历史原貌和建筑特色，在维修过程中以现有传统做法为主要修复手段，力求让这座凝聚着泉台两地密切关系的古建筑能够早日重焕光彩。

那天，我站在鳌石山上俯视这座宫殿式的闽南建筑，那五落红砖大厝颇为气派地坐落在五马江之畔，不失侯门王府之风。我相信，这座凝结着一个海商家族海上奋斗史的古厝，这座维系着两岸情缘的建筑，将拂去岁月的尘埃，骄傲地站立在故乡的土地上，让人们去细细解读故乡与大海的那些传奇故事。

南安林氏民居

林氏民居也称为林路厝，位于泉州市南安市省新镇满山红村，南安俗语"有林路富，无林路厝"说的就是它。该厝实际上是宗祠、正屋、叠楼、书房自西向东并列的建筑群，坐北朝南，占地面积约6000平方米，现存建筑面积约3600平方米，通长110多米，十分壮观。建筑群背靠群山，前以石埕相连，埕前建水榭、池塘，建筑之间隔以2米宽的巷弄，兼做防火通道。

宗祠为三间张双落带单边护的硬山顶建筑，燕尾脊，抬梁、穿斗混合式木构架，三间凹寿的大门石雕、木雕精美。正屋为五间张三落带双边护的硬山顶建筑，穿斗式木构架，护厝前端为二层砖楼，窗户造型及小挑檐带有南洋建筑的特点。叠楼也是五间张三落带双边护的建筑，天井侧的榉头房和顶落厅均为二层叠楼建筑，东西护厝前端各盖角楼，正面抹角形成多边形造型，带有典型的南洋风。叠楼内部采用传统的穿斗式木构架，硬山、悬山和歇山屋顶高低错落、纵横交错，有别于以单层为主的传统闽南府第式建筑形象。书房采用穿斗式木构架，硬山顶，前置小园林，后廊有一方亭与天井相互衔接，天井中建有假山、鱼池，布局比较灵活自由。

林路厝是新加坡著名华侨建筑家林路（1851—1929年）回故里后亲自设计建造的，主体部分于清光绪三十四年（1908年）竣工，部分附属建筑至民国初年完成。该厝最大的特色即中体南洋风。闽南官式大厝的布局，红砖白石的建筑材料，木构承重的构造做法，三川脊硬山顶，无处不在的精致石雕、木雕与灰塑，都是闽南传统建筑的典型做法。但叠楼、角楼的做法，叠楼室内以红绿色相间为基调的装饰色彩，则带有浓郁的南洋风格。不仅如此，林路厝的空间设计也引入了南洋实用的设计理念，使得建筑空间更宜居。目前，该厝也成为连接海内外宗亲的重要纽带。2013年被公布为全国重点文物保护单位。

🔲 林路大厝

蔡永怀

"红砖白石双坡曲，出砖入石燕尾脊，雕梁画栋皇宫式"，早年在闽南，建大厝是一个人人生中最辉煌的一件大事。走进南安市后埔自然村，联排的几座大厝古香古色，一抹的闽南红点缀在村野田地之间，在阳光的照耀下熠熠生辉。林路大厝一字排开，由宗祠、正屋、叠楼、书房及石埕、水榭、池塘组成。

宗祠廊道立面，大门两旁配圆形石竹窗，八角形蟠虎窗，吊筒如菊花含苞，镏金的鹿座，梁枋、托木饰祥云、花鸟等吉祥图案，两侧对墙上堵嵌崇礼教、明人伦之诗文，础石配方形的绿辉石。立面是大厝最有亮点的地方，主人总要

林氏民居前水榭／洪秋月 摄

林氏民居主厝 / 洪秋月 摄

精雕细琢，一展自己的情怀。厅内石柱上刻"九牧朔宗游支分南邑，千秋隆祀事派衍西河"，追宗溯源是闽南人的情怀，九牧、西河都是闽南林氏堂号，源自河南，铭刻在建筑上永世不忘。大厅两侧墙上醒目的"忠孝廉节"，告诉族人要忠于国家，孝敬父母，廉洁奉公，浩然正气，高风亮节，传承中华民族优良传统。大厅的祖先龛制作精细，据说当年用了三斤黄金，就像是一座小殿堂。

正屋为三落，五开间，三川顶，对称结构，门楣上书"九牧传芳"，双塌寿大门配麒麟、瑞象、鱼尾狮、宝瓶、祥鼎、花卉等吉祥浮雕，镜面墙上堵为烟炙红砖，下堵为青石，红白相间冷暖色调互相衬托，水车堵饰花草飞禽走兽泥塑。鱼尾狮是新加坡的标志物，林路是在新加坡发家致富的，这也体现出主人身处异乡的情结。第一进是单层，从榉头厢房开始为叠楼，第二进木扇上书"福隆"二字。高挑的叠楼是整座建筑的主体，登高远望有种"君临天下"的豪情。双护

龙筑角楼，前端呈八角形，有瞭望的作用。楼上墙上设立射击孔，这里地处偏僻山区，这么豪气的大厝往往也是土匪抢夺的目标，主人把防御功能糅合在几何的建筑中，大大地提升了建筑物的美感。第二进柱子配绿辉石础石，防潮防腐又美化构件，大厅雕梁画栋，镏金的舞狮梁座，充满着热烈的气氛；各种奇花异草、珍禽瑞兽通过镂雕、透雕表现得栩栩如生。林路身穿清朝官服、手持纸扇的油画复印件挂在醒目处，徐悲鸿把主人的神情通过艺术手法表现得淋漓尽致。原件现珍藏在新加坡艺术馆里，徐悲鸿当年客居新加坡，与林家素有往来，为林家画了多幅肖像画。登楼扶手配龙头木雕，用精致的花案制成楼梯围栏，墙上联对"名驰冀北三千里，地近蓬莱尺五天"，木堵"云龙敬录"的文字经过百年的沧桑，字迹依然清晰，主人通过家风家训，用高尚的美德来教育子孙后代。卧室的天花板简洁舒展，大厝里面向天井处都采用大型对开玻璃窗，

林氏宗祠 / 蔡永怀 摄

大大优化了室内的采光通风。地上水泥花砖拼成多种图案，经过几十年的踩磨依然亮丽如初。卷棚式回廊厅堂木构采用"减柱法"，屋架直接与廊柱相连，既减少材料又增加了使用面积，与众不同的木构体现出建筑师的智慧。天井中的茶花含苞欲放，三角梅笑意盎然，为古大厝增添了丝丝的喜意。

"万般皆下品，唯有读书高。"要想出人头地，就要知书达礼。主人非常重视读书教育，专门建了"养浩斋"书房，围墙用钢花制成的大透窗，使里面的景物一目了然。书房为三开间两进，配置花园假山流水，花香鸟语，营造出一片优雅的学习环境，并高薪聘请名师来授课，后来成为村里孩子的公共课堂。

大厝建筑群共有99个房间，古时民宅是不能超过100个房间的，地砖、水泥、钢材都来自海外。大厝以闽南建筑风格为基调，结合西洋番仔楼元素，穿斗式木构，梁柱由钢筋水泥与木构混搭，集住宅、书房、亭台楼阁为一体，成为一座独特的大观园。后埔自然村位于保福岭下，四周高山峻岭，人烟稀少，匪患严重，采购建材需大量的银圆，每次要用两担银圆，挑出时要请多名持枪卫士保护，以防不测。

"不孝有三，无后为大。"林路婚后一直没有生下男孩，成为他的一个心结。大厝落成后，林家又传出喜讯，林路终于生下儿子林谋盛。中年得子是人生的一大幸事，真是添丁又进财，林家非常高兴，在大厝的石埕上设立宽约2.5米的水榭，水榭三面留有孔洞，用于搭建大戏台，巧妙的设计非常实用，水榭倒映在水池中，更显诗情画意。大厝张灯结彩大办宴席，请来戏班连续几天在大埕上表演，邀请亲朋好友及社会名流来家做客。演出时村民也聚集围观，整个山乡沸腾了，"有林路富，无林路厝"成为乡民茶余饭后的美谈。

林路出生于贫穷家庭，从小靠给大户人家放牛、砍柴为生，长大后从师学艺。他吃苦耐劳，心灵手巧，人称"小鲁班"。后跟随乡人到新加坡谋生，

从制作砖瓦开始，拥有自己的施工团队。当年新加坡正准备兴建维多利亚纪念堂，林路以最低的标价承建了这一宏大的建筑，他采用中国传统的棚架营造法，历时多年完成了这一巨大工程。一座高达60多米的纪念堂矗立在政府大厦旁，因建筑物配置大时钟亦称为"大钟楼"。因此，林路被誉为"伟大的华侨建筑家"，名声远播东南亚一带。他不仅是位建筑师，而且精于商道，在新加坡实龙岗布莱德岭一带，他买下了大片土地，开办砖瓦厂、饼干厂，设立"永盛兴""华林行"等商号，经营橡胶、土产等商品。林路在新加坡还兴建水廊头凤山寺、林氏大宗祠等建筑。在厦门鼓浪屿也有林家别墅，供林氏眷属和子弟返乡读书居住。林路生活在清朝晚期，为了光宗耀祖，他两次捐官，被朝廷封为"福建花翎道""荣禄大夫"，赐号"云龙"。

林路去世后，家族的生意由林谋盛掌管。抗日战争时期，林谋盛毅然地投身于反侵略的斗争中，曾任新加坡华侨抗战动员委员会执委、劳工服务团主任。新加坡沦陷后，组织华侨抗日义勇军，沉重地打击日寇的入侵。1944年被捕，同年死于狱中。抗战胜利后，国民政府追封他为陆军少将。

大厝历经百年风霜和人为破坏，已残破不全。现政府拨出专款，以修旧如旧的原则进行维修。不久，这座大庄园将再次展示昔日的风采。

安溪湖头景新堂

景新堂，位于泉州市安溪县湖头镇湖二村，是一代名相李光地的后裔、著名新加坡侨领李陆大的故居，也是2018年被公布为福建省文物保护单位的湖头李氏宅祠建筑的重要组成部分。该宅建于清晚期，占地面积约800平方米，为闽南典型的五间张双落双边护大厝。建筑明间缝以木构承重，山墙面硬山搁檩造，外立面也是典型的红砖白石燕尾脊的闽南建筑造型。下落敞口厅的面阔比顶落的更大，中间增加两榀插梁式构架，圆作，用料硕大。

　　景新堂细部装饰精美，木雕、石雕、灰塑、彩画、剪粘、软陶等装饰都各有千秋。双凹寿的大门顶上作小卷棚轩顶，其下插梁圆作，两端开鱼尾叉，梁上象座、斗拱、束木钩心斗角，并雕刻花草、暗八仙、鳌鱼等；象座圆雕，憨态可掬。下落厅、顶落厅以及榉头口的木构架木雕都很讲究。束木广施浅浮雕；金瓜柱圆胖，瓜脚形似鸭掌，牢牢地抓住梁架，瓜脚上还浮雕蝙蝠。下落厅的狮座将圆雕、浮雕、镂雕等手法结合起来，造型栩栩如生，狮身上还高浮雕人物、动物、植物等题材，构图巧妙，层次丰富。宫灯形的吊筒垂下两层流苏，筒身镂雕、浮雕精美别致。

　　该厝的柜台脚、柱础以白石浅浮雕，一对石构门簪浮雕竹、鹿、松鹤等。水车堵将彩画与灰塑结合，展示了《三国演义》里大量的经典故事，辅以山水花鸟，造型逼真，色彩鲜艳。屋顶上的剪粘与身堵上的软陶装饰，更让建筑增色不少。

⛭ 景新堂内大乾坤

蔡景典

与湖头总有一番特别的情感，每年都会选择几天在这里流连。

自古，湖头便有"小泉州"之誉，不仅是因为这里的美食与美景让游客向往，更重要的是这里历史悠久、地灵人杰、文化厚积，令人情不自禁地有一种来自心灵深处的向往。

来湖头，必然会到四角井，或其他街头巷尾，饱与不饱时都会向店家吆喝一声，来一碗湖头米粉，或拈几个咸笋包、鸡卷等，尽情地尝起来。

然后，便是漫步去踏寻一代名相李光地和他的乡邻们在这里留下的许多令湖头人或安溪人甚至泉州人引以为豪的史迹。

这次到湖头不为别的，就仅为采写景新堂，特别选择春节期间来这里小住。

景新堂，就在湖头镇的湖二村。

到湖头街问路人，说要去景新堂这一座古建筑时，被问的路人好几个一时反应不过来，他们指引的地方大都会是李光地故居，或是李氏家庙。

景新堂全景／林思宏 摄

　　这主要缘由，应该是怪湖头的古建筑太多。在明清时期，湖头古镇曾出现"四世十进士七翰林"的科举盛况。一位宰相、四位总兵、九十九位举人，这不应该是一个简单的数字，由此也就有了六十多座明清时期的古建筑。而这景新堂建于清末，历史的光芒也就自然盖不过其他。

　　倘若是问李尚大故居或李陆大故居，那么路人就能轻松地告诉你具体位置：在慈山幼儿园旁边。过纵横交汇热闹的湖头街，从慈山幼儿园校门步入，右侧便是景新堂。

　　堂前一片广阔，一方大石埕与一园铁树绿景，让刚刚还在的喧哗繁杂，瞬间成了怡情陶然。

景新堂门庭文字 / 李瑞扬 摄

于左至前，是由与这座景新堂息息相关的慈山幼儿园、慈山小学、慈山中学、慈山财经学校组成的慈山学园。欢快童声和琅琅书声最是这里平时动人的镜头。

国画大师黄永玉曾经用酣畅的水彩笔墨，绚丽地描绘过景新堂。站在这里静观，我感觉现场版的景新堂没有大师的佳作好看。但，好像能从这里感受到另外一番闽南古大厝的庄重。

这是一座传统闽南风格的砖木结构古建筑，坐北朝南。主体建筑依旧是按惯例的对称排列，上落、下落、天井、厢房、护厝前后左右形成有机的搭配。悬山式曲线燕尾脊，硬山式屋顶。

面前的红砖白石，是一番闽南故土的统一情调。屋檐下的水车堵彩绘着一组"三十六计"用兵之道，或许这是主人个性的彰显。走近门前塌寿，镜面堵是精巧的瓷塑工艺，这也是闽南建筑上乘的精品。左侧两幅图分别是"凤马同春"和"竹鹿同春"。右侧一幅为"松鹤延年"，另一幅是"麟凤呈祥"。相向堵两幅图皆为"平安长寿"。

跨入大门，但见得一堂古木梁柱门窗，虽经百年风雨，却依然如新。窗花木雕古朴精巧，寓意吉祥；雕梁画栋风韵犹存，颇具魅力。

步口两侧墙裙皆有万字符，图案彩绘着数十幅花鸟虫鱼。是宽容和谐，也是智慧幸福。

"这座古厝的规模在这里不算大，但所用材料和做工都是上乘的。"在这里值守的李尚大堂弟李地金介绍道。

景新堂这座建筑的内涵也许更主要的是集中在门堂前后雕刻的那些文字。

李氏族人本就与李光地等一代贤人薪火相承，景新堂的主人李瑶悌自然就希望子孙们也能成圣成贤。

正大门一副石刻对联："景运宏开光祖武，新猷丕振裕孙谋。"门楣四字：

景新堂燕尾脊 / 李瑞扬 摄

"景象维新。"

门庭左侧："亲仁、崇义、爱日、宝善。"左护厝门楣："神州奠定。"

门庭右侧："广同、承明、笃礼、匡时。"右护厝门楣："中原鹿肥。"

这些文字大多引经据典、意义深远。《论语·学而》曰："泛爱众，而亲仁。行有余力，则以学文。"《颜氏家训·勉学》："文义习吏，匡时富国，以取卿相者有矣。"

李瑶悌建这座房子，把这些文字雕刻在上面，更重要的是想要把这些理念思维烙印在每一个后人心上，告诫子孙们去亲近那些有仁德的人，要珍惜光阴，要有大爱，要有远大的情怀和理想。而跨出景新堂大门时，要先仰望雕刻在上面的四个鲜明大字："中外所瞻。"意谓行走四方，心怀宏图。

人是厝的灵魂，厝是人的归宿。

厝的主人李瑶悌英年早逝。年少的李尚大、李陆大昆仲和妹妹在慈母的教养下，在景新堂这种充满灵气的熏陶中成长。

"尚大出生于1920年，与这座古厝同龄。尚大和陆大兄弟功成名就后，不忘祖厝情怀，时常踏回故土。"李地金如是说。

自1987年起，旅居东南亚的昆仲俩每年带领后裔回祖厝谒祖，并举办敬老宴，宴请所有村中老人，向每人派发红包。昆仲归鹤之后，其后人延续父辈精神，三十多年敬老宴从不间断。

"尚大先生和蔼可亲，平易近人。"同行的湖头朋友小许说。在湖头慈山农中学习时，适逢尚大来农中。尚大先生与学校师生在食堂就餐，他要求食堂师傅就煮番薯粥，这是他最爱吃的家乡味。

湖头的水，湖头的番薯，湖头是永不割舍的情怀。

景新堂的大厅正堂，没有悬挂着能让游客震撼的由皇帝钦赐或名人馈赠的巨幅牌匾。然而，在厅堂左侧却装挂着四块可以令人驻足瞻望的"乐育英才"红色荣誉牌。那是1995年至1997年福建省人民政府授予的。这与大门前的浮字雕刻"亲仁、崇义、爱日、宝善"形成明显的呼应。

生于斯长于斯的李尚大和李陆大，牢记景新堂内的先人遗训，发达之后，不忘回馈故土桑梓。从湖头的慈山学园到安溪的20多所中小学，再到集美大学、厦门大学，从湖头的陆大医院到厦大医学院，从湖头的公路、县城的颖如大桥到连接安溪和厦门的龙门隧道，昆仲俩出生的地方、学习的地方、工作的地方，母亲的娘家、奶奶的娘家、外婆的娘家，湖头、安溪直至祖国的中西部贫困山区，无不留下昆仲俩的慷慨义举。

"嘉庚精神，尚大情怀"，集美大学的师生给予李尚大先生如此的赞许。

而从景新堂走出去的李氏后人，也依然秉承着这种优良传统。

李尚大先生之子李川羽、李龙羽昆仲在湖头兴建了尚大公园，成为了这里群众平时的休闲活动场所。

为使这故土的情结永系于东南亚后裔，李川羽和李龙羽昆仲决定在印度尼西亚巴厘岛也建造一座"景新堂"。

祖宅的一砖一瓦、一木一景的选材

景新堂木雕 / 李瑞扬、李华珍 摄

与布置都非常细心，为了能把景新堂原模原样"复制"到印度尼西亚，昆仲俩带着设计团队和建筑团队来往百来次。

用最好的材料，请最好的工匠。为了更精确地制作，就在景新堂前搭设工棚，现场仿造木雕与石雕。可是最后却因出口运输问题等种种原因，没能把故土的这些原材料运往巴厘岛。于是昆仲俩干脆就把安溪的木匠、惠安的石匠等整个团队请到巴厘岛，到现场制作建造。

一座带着故土情结、带着"中外所瞻"意念的湖头景新堂在印度尼西亚再次生根传承。

参观完景新堂，回到湖头朋友家闲聊。湖头人家都说，最令他们自豪的是站在景新堂庭前仰望天穹的那种心情。

为表彰李陆大先生对中国扶贫事业的贡献，经国际小行星命名委员会批准，中国科学院紫金山天文台发现的一颗国际编号为3609号的小行星被命名为"李陆大星"。

景象维新，苍穹闪耀！

景新堂正堂／李瑞扬 摄

泉港土坑旗杆厝

旗杆厝位于泉州市泉港区后龙镇土坑村，因门埕上竖立着14对旗杆的夹杆石而得名，为土坑第十二世祖刘端弘鼎建。刘端弘生于清乾隆二十八年（1763年），曾率领一支商贸船队于关东、江浙、两广及东南亚一带经商，人称"刘百万"，因此该厝也被称为"刘百万宅"。

该厝坐西北朝东南，占地面积约1740平方米，为五间张三落带三边护大厝。正厅用于待客、议事，天井中保留若干对石质花架，后厅供奉祖先牌位。右侧护厝前端的门屋做成两层的埕头屋，以便瞭望；左侧重护厝因地形关系只做了一半。

门厅采用穿斗减柱造，正厅穿斗式构架，后厅硬山搁檩造，仪礼空间构造大气，内堂则构造简洁。木构架基本不施雕刻，丁头拱做成锋利的刀型，简洁有力；小方斗造型方正偏平，用料较大，体现了清早中期建筑的典型特点。仅在托木、槅扇、槛窗的上缘环板等部位局部木雕，繁简适度。

单凹寿大门是其装饰最讲究之处。外檐柱不落地，雕刻成垂花柱，一半嵌墙，一半外露，外露部分与雀替的木雕精细，有层次感；门额上一对木雕门簪，结合了镂雕、透雕、浮雕等手法，运用历史题材，构图巧妙，造型立体生动，在小地方做大文章。大门两侧对看堵在白灰底上用红砖浮雕鹿、鹤、竹、松、兰等，构图偏平面化，但造型生动。双层柜台脚、方尊形柱础均施浅浮雕，给人不俗的气势。

该厝既是闽南传统官式大厝的典型代表，也见证了"海上丝绸之路"的历史，具有重要的历史、文化与科学价值。旗杆厝作为泉港土坑村古建筑群的一部分，2019年被公布为全国重点文物保护单位。

一厝兴而旗杆林立

陈华发

泉港区东南面有一处 6.25 平方千米的平原地带，四面环山，北接岩山，南毗柳山，西对奎秀山，东临割山。绿色平原上，又有三条丰腴的水源聚而为一，注入大海。

600 多年前明朝发生靖难之变，给事中陈继之抗节，居于兴化鳌城的贵族刘宗孔因族人与陈联姻，恐遭株连，于永乐二年（1404 年）携眷外出避难。一家人坐船南渡湄洲湾，上了岸，见此处峰峦相映，入局宽容，曲水停蓄，惶恐之心顿受抚慰。刘宗孔暗自赞道：此地足为千万年燕翼之图。他遂命名此地为涂山，全家人定下心来在这里安身立命。

刘氏后裔至今在涂山繁衍 22 代，延拓出 18 个村庄，位于涂山中心的土坑村是这些村庄的起始母村。刘氏一族避难土坑，不甘就此没落，在荒原野

鸟瞰旗杆厝 / 李华珍 摄

地披荆斩棘，开拓创业，传至第五代培育出一位太学生、主监，至此下传的十代内代代皆有入明廷为官者。到了清朝，将军、提督、进士、明经亦层出不穷，赫然是书香之家、官宦门第。

刘氏后裔登科入仕各领风骚，荣归故里后皆建造显赫的府第，这些府宅集聚在一起，流传至今，便形成一处宏伟壮观、气势非凡的棋盘型宗族式的典型古建筑群。土坑村因此入选第六批中国历史文化名村、第三批中国传统村落，2016 年被列入"海上丝绸之路"申报世界文化遗产史迹点。

刘宗孔次子与三子分别徙居云南、广东，在土坑开拓的是长子与四子。两兄弟又传下八支，八支后裔在宗祠南北两侧共建 4 座三进古大厝和 33 座二进古大厝。由于居住日益密集，加上村中地势不平，这些古民居又在许多大大小小的民房围拢之中，更显得扑朔迷离，外人进入，很容易迷失方向。早在明代，惠安知县叶春及编著的县志就有形容："土坑府，会得入，不得出。居住稠密，人丁兴旺……居螺北甲。"

旗杆厝正门／陈海平 摄

沧海桑田，土坑的发展轨迹也不是一帆风顺的。

清康熙十八年（1679年），闽南沿海一带奉旨迁界，土坑族人抛田园，焚房屋，流落他乡。素怀抱负的土坑人也在这次苦难中开扩眼界，增长见识。复界后，族人在发展农业的同时，进行商贸活动，抒写了土坑村的"海丝盛世"。

出生于清朝乾隆年间的土坑十二世祖刘端弘拥有18艘三桅洋船船队，商船主要停靠在土坑湾的峰尾、沙格两澳。他率领着船队从土坑出发，闯关东，过台湾，下南洋，富甲一方，人称"刘百万"。他在两条古街上，当铺便有5间之多，是当时最富有的海商。

如今走进土坑村，首先映入眼帘的便是古香古色、规模宏大的刘百万故居。这座大厝三进五开间外加三护厝，开阔的大院门口一字排开的是14对旗杆石，所以也俗称"旗杆厝"。

这座豪华的旗杆古大厝有着100个门、99扇窗、11个天井、42间厢房。连同砖埕及围墙，占地面积约达1740平方米。此大厝建筑样式为穿斗式结构、

旗杆厝木雕石雕 / 李华珍、陈华发 摄

硬山式屋顶，屋脊高翘。大门前的壁肚是以宽2米、长3米的大石板砌成，底部又有石雕脚架，使整座大宅显得更庄严宏伟。

旗杆厝古民居雕刻数量之繁多，技艺之精湛，规模之宏大，让人叹为观止。按雕刻材料分，有石雕、木雕、砖雕和泥灰雕；按雕刻技艺分，有浮雕、阴雕、线雕和透雕；按雕刻内容分，有山水雕、人物雕、花鸟雕、楼阁雕。石雕上的构图均衡，线条细腻流畅，人物的胡须衣袂恍若欲飘，跳跃于枝上的喜鹊仿佛嬉闹追逐，雕塑的房屋有的窗户和门户镂空相通，别出心裁……

在大门侧、屋脊上、院子里，蹲着、立着、卧着大大小小姿态各异的石狮。此外，还有各式各样上面锓刻着各种花纹的石柱、石鼓、石花架、石砣、石盆。在古厝内，现还保存着一些陶瓷古大缸、铜塑小盆和木制坐垫，皆精雕细镂。泉港地区古代民间雕刻艺术，在这里得到淋漓尽致的体现。

土坑村的老者，总是不厌其烦地向外人介绍刘百万的一件逸事。传说当时峰尾有一宗亲中榜进士，刘百万特备厚礼前往庆贺，被热情地邀到上席。有人窃问此为何人，一宗亲脱口而出："这是土坑'土财主'刘端弘。"刘百万听在耳里，归去后叹息不已，谓家人道："有钱百万何用，还是被人看'土'了。"遂去找村北的另一名巨富族亲刘端瑜，共商重振书香门第大计。

两人一拍即合，于是刘百万办南文武馆"选青斋"，刘端瑜办北文武馆"凌云斋"。"选青"二字语出"青出于蓝而胜于蓝"，即培植选拔精英之意；"凌云斋"意在激励后辈胸怀凌云壮志，奋发图强。在两文武馆中，学文者免费，习武者每日一粒蛋。自此村中书声琅琅，马铃叮当，呈现出一片积极向上的蓬勃景象。

自从有了自己的教育基地，土坑人才倍增，精英代出。据清代谱牒载，中榜进士、晋升仕人者达 70 多人。祖祠上牌匾

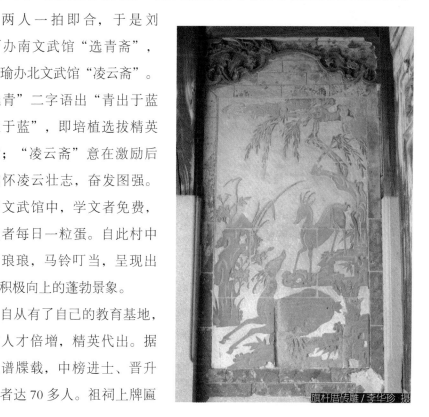

旗杆厝砖雕 / 李华珍 摄

旗杆厝天井 / 李华珍 摄

满堂，乡村中旗杆林立。村南有秋甫、吉甫两兄弟双榜进士，村北有开泰、逢泰两兄弟及其侄希颜一门同榜三进士。刘开泰后授任江西南赣总兵，钦赐提督。清朝惠安县共出9个提督，刘开泰居其一。土坑名噪一时，在清末享有"邹鲁乡村"之称。现刘氏祖祠中有一联曰："自三元辅而都宪邦伯文宗历世光勋昭日月，从四尚书及国学忠臣孝子累朝伟望壮山河。"可见后人对祖先功勋备感荣耀和自豪。

土坑村三面临近银涛起伏的湄洲湾，四方拱卫着逶迤秀丽的群山。旗杆厝便宁静地坐落在这秀丽山川的怀抱中，似一位沧桑老人，静静地反刍着当年的辉煌岁月。

钱头状元第，亦称吴鲁故居，位于泉州市晋江市池店镇钱头村，是吴鲁高中状元后所建。吴鲁（1845—1912年），字肃堂，号且园，清光绪十六年（1890年）殿试第一名，是福建最后一位状元，清末著名爱国诗人、教育家。

　　宅第坐东北朝西南，由状元第、宅院、学堂并排组成，占地面积2050平方米，建筑面积1450平方米。三座大厝共用前面宽敞的石埕，厝与厝之间以防火巷相隔。状元第居中，规模最大，为五间张三落大厝，曾为吴鲁5个儿子的居所，现为吴家祭祀的场所。下落大门为双凹寿做法，上悬朱漆金匾"状元第"。正落面阔五间，进深七柱，穿斗式构架，硬山顶。状元第左侧是一座五间张双落大厝，原为吴鲁居所，也曾是他待客接友的客厅。下落门厅为单凹寿做法，正落规格与状元第的主落相仿。状元第右侧为吴家学堂，以一座单檐歇山顶的学堂厅为中心，前后各有一落，两侧为榉头房，平面类似"回"字形。学堂厅是讲学、学习之所，而前后落、榉头房则作为学生就读的学舍，体现吴鲁"老垂著作贻子孙"的心愿。

　　三座大厝一字排开，外观上都是闽南地区典型的红砖白石燕尾脊的造型，三川脊高低错落；墙上的长方形石棂窗以白石为框，青石为棂，给立面增加了变化。大厝不做繁复的雕饰，显得古朴沧桑。

　　该民居于2013年被公布为福建省文物保护单位。

积德不愧状元名

王常婷

　　闽南海边，雷雨过后，世纪大道的烟尘落定，高速公路上的喧嚣渐渐远去，海边吹来带着咸味的凉风。夜已经深了，晋江繁忙的池店钱头村终于安静下来。月亮升上古厝檐头，薄薄的雾气在青瓦上氤氲着，诉说着状元府第曾经的辉煌与落寞。

　　吴鲁故居在晋江市池店镇钱头村有两处。

　　一处为吴鲁祖上所建，是一座砖木混构的大厝，二进五开间。大厝红砖墙面，木制的门窗隔板，不事雕琢，虽已老旧，仍显厚重朴实。房屋正前面是大石埕，埕左右两侧竖立着花岗岩石旗杆夹，左旗杆夹现虽已毁，但依然能想

状元第侧面/陈君兰 摄

象得出当年的气势。大厝正门悬挂镌有"状元第"镏金大字的木匾；两旁的大木柱上有联曰："瑞腾天马峰前至，人蹑金鳌顶上来。"处处显耀状元当年的威仪。

另一处故居为吴鲁高中状元后所建。整座房屋依然是传统的砖木混构建筑，红砖墙面，三座大五间一字排开，较之前的老屋更有气势，屋前依然是大石埕，只是占地面积更大。石埕右前方，竖立着花岗岩石旗杆夹，旗帜已不见，可威风仍在。三座大厝风格一致：红砖墙，小石窗，白石墙裙；红瓦顶，绿苍苔，还有屋脊两端高高翘起的燕尾脊；深凹的大门斗，门前安着长长的踏脚石。这三座大厝只在墙裙角牌石及粉墙下的虎脚座下有雕刻简单的线条，其他基本不见雕饰，整体风格大气古朴，诉说着主人当年的庄重威严。

三座大厝按不同功用分别设计不同格局。

状元第正面/陈君兰 摄

　　中间一座大厝原为吴鲁5个儿子的居所。从正中"状元第"牌匾下进入正堂，上下厅堂的地砖铺的是特制的传统方砖，天井则由条石铺就，显得分外宽敞厚重。厅堂横楣上从左到右依次悬挂着"学政""状元""主考（历任安徽云南学政、陕西云南主考、吉林提学使、学部丞参、翰林院修撰）"三方匾额。下厅挂着"经济特科（光绪癸卯廷试二等授广东州判）""副魁"等匾，显示着大厝主人曾经的荣耀。

　　左侧一座大厝当年是吴鲁居住之处，也是接待客人的地方，与别处闽南大厝不同，大门内安了一堵用以遮隔内外视线的木隔扇，隔扇中间的门平常关着，人从两旁角门出入，有贵客来访时才打开。木隔扇在流年里饱经风霜，不少地方都腐蚀败坏，现在所见到的是整修过的，据老人讲，如今的隔扇与当年的尺寸并不完全一致。

右侧一座大厝为书房，前后两落，两边厢房，中间建有一间单檐歇山顶的"学堂厅"，供塾师讲学之用。在大三落状元第的左边还有一排护厝，据传是吴鲁第四子、清进士吴钟善读书之处。护厝门额上，镶嵌着一方书有"东壁图书"字样的石匾。从建筑功能安排上，书屋学堂占了很大的面积。从对书屋学堂的重视，足见状元府第的读书风气是一脉相承的。

状元第正门"状元第"牌匾／陈君兰 摄

状元第下厅内牌匾／陈君兰 摄

盘桓在如今的钱头，透过历史的烟尘，状元第的寂寞是这样的叫人心动，也只有此刻，世事才会如此波澜不惊。凉风吹起书页，这烟雾让尘封在书卷里的词章和故事弥漫着潮湿的气息。我有一瞬的恍惚：转角处的青石小巷，一个少年梳着长辫，光着脚丫，从古厝冲出，朝那声音绝尘而去，青石板上遗落下清脆的噼啪声……

然而，这处气派的状元宅第，吴鲁并未以之显示荣耀，而最让他得意的地方，在于他亲自命名的"正气研斋"。

时光追溯到光绪十七年（1891年）吴鲁出任安徽学政，任职期间，他收得一方岳飞、文天祥、谢枋得用过的端砚。状元难掩其欣喜之情，不仅为之作记，还将其书斋命名为"正气研斋"，而且把在此期间所写的文章编为《正气研斋文稿》。他在文稿中自叙写道："余家藏正气砚，为岳忠武故物，背镌忠武'持坚守白，不磷不缁'八字，旁镌文信国之跋，上镌谢叠山先生之记。三公皆宋室孤忠，得乾坤之正气者也……"吴鲁逝世后，该砚由四子吴钟善保存，吴钟善遂将书斋改名为"守砚庵"，自称"守砚庵主"，并仿照父亲的做法，写了《守砚庵记》。吴鲁父子没有张扬其官阶大小，也不以宅第堂皇煊赫为傲，而将旧砚视为珍宝，从砚台到斋名再到文章立传，足见其家族对此砚的重视与珍惜程度。上世纪 30 年代，正气砚传给了吴钟善的第二个儿子吴旭霖收藏。

一介书生，一卷诗书，一种情怀，一腔正气。

庚子之乱，空怀一腔报国之志的吴鲁困居帝都孤城，目睹八国联军攻掠津京、慈禧太后挟帝出奔、人民备受凌虐的悲惨情况，满怀悲愁忧愤而作《百哀诗》，反映生灵涂炭之惨状的同时，有力鞭挞那些丧师失地、媚外辱国的奸佞之徒。吴鲁对于腐败的清廷在民穷财尽、国家将亡之际，犹不思悔改振作，深感悲愤，报国无门，遂于宣统三年（1911 年）闰六月，辞官返乡。

时光无情，状元的荣耀被春水浸泡，秋风吹拂，早已洗去铅华，清绝明净。状元当年面对国破山河碎写下《百哀诗》，历经人生匆匆聚散，尝过尘世种种烟火，承担着岁月带来的沧桑。只是曾经那样的豪情满怀，在海风中越发地清瘦单薄，青梅煮好的茶水，还是当年的味道，后来者再读《百哀诗》，能否品出当年的伤痛？

从闽南的僻壤到繁华的京城，瘦瘦的吴鲁让众多的达官贵人知道了晋江池店的钱头村；他独到的政治见解，沉稳的性格，以及体现在文章上的雄浑气势，犀利的文风，于笔墨挥洒间让京城感受到来自南方温和又不失苍凉雄劲的海风。身为学政，吴鲁从东北到西南，在乱世里，他为莘莘学子摆下一张张安静的课桌。把心气放平，眼光放长远，家国社稷，读书作文，纵是天南地北单飞，老翅几番寒暑，回首向来萧瑟处，亦能做到也无风雨也无晴！

吴鲁存照 / 陈君兰 摄

如今钱头状元第，仍依稀留有状元当年的"吴鲁体"墨宝。大厝前的石埕上，有小孩趴在石条椅上写大字。虽是摹写，然而墨香不退，凛然已百年风云。去的尽管去了，旧的状元第还在旧着，后人依然还在学着吴鲁体，只是其中风骨，可曾学到？想当年，状元挥斥方遒，一腔热血，落得个饮尽百哀。醉里挑灯看剑，横戈跃马只在梦境。有心报国，无力回天；壮士断袖，只能长歌当哭；水墨写春秋，滴不尽忠臣血泪。

"严肃端庄，能副其名。"弘一法师为吴鲁书法所作跋文犹在耳畔。一代宗师手书无愧无惧人间是非，一介忠臣的哀痛，弹指岁月间已成过往，小酒一杯，饮尽家国百哀。后人摊开"庚子信史"，透过历史的烟尘，洗去沧桑，未曾触摸，却已是山重水复。

故乡的冷月下，钱头状元第已经洗去浮华。伊人已逝，闽南的海风里传说的还是他对家国不舍的爱与哀伤；尘埃落定，千古功过是非任人评说；世易时移，还有多少豪情多少惆怅可以重来？唯有把酒临风，点一炷香，遥祭那不屈的忠魂。

身既死兮神以灵，魂魄毅兮为鬼雄。一百年后，水墨中国，孤鸿声断；惊涛拍岸，壮怀激烈。晋江海岸，状元第的风流总被雨打风吹去，而先贤的人格魅力，如一方宝光内蕴的古玉，端坐磐石之上，看惯浮世清欢，懂得蓄积内力，寂静安然，细水长流……

永春岵山福兴堂

福兴堂，也被称为李家大院，位于泉州市永春县岵山镇塘溪村，由著名爱国商人李武宗、李武庸兄弟合建于 1942 到 1948 年。建筑面积 1570 平方米，坐西南朝东北，五间张双落厝带双边护。与众不同的是，正厅、榉头口出廊特别宽敞，正厅的次间与梢间之间设有一条狭窄的走道，别出心裁；两侧的榉头口面阔三间，敞开式，插屏墙中间开门直接通往护厝前天井，空间通透。

福兴堂最大特点在于其细部装饰，建筑无论内外均装饰着精美的木雕、石雕、灰塑、彩画、交趾陶、剪粘、书法等，圆雕、浮雕、沉雕、影雕、镂雕等传统技法交织其中，暗八仙、福禄寿、八仙骑兽、鱼跃龙门、一鹭连科、喜上眉梢、麟凤呈祥、封侯晋爵等题材粉墨登场，令人目不暇接，其工艺之繁缛精细让人瞠目。

石雕精华主要体现在门额、柱头、石窗、顶堵、柱身、柱础等部位。以内院的 16 扇石窗为例，它们构图统一，都采用了多层镂雕的技法，构图分三层：最上层多为才子佳人对弈或宾客来访聚会等内容，下面两层为配景，刻画了繁华的街市景象。构图疏密有致，虚实相应，意趣横生；人物神态各异，惟妙惟肖。木雕也毫不逊色，叠斗、狮座、瓜柱、束随、员光、吊筒、托木等部位的木雕均异常繁复精美。以厅堂前廊的员光为例，其雕刻题材为"汾阳府大拜寿"，主体镂空雕刻，穿插亭台楼阁、奇花异草纹样的深浮雕：共刻画人物 45 位，动作表情各异，造型准确生动。宫灯造型的吊筒上甚至雕刻有几十个人物的组雕，在檐下一字排开。古厝内还有许多近代著名画家、书法家的墨宝。

福兴堂集中展示了闽南传统建筑技艺，还融入了大量的异域元素，比如欧洲的多立克、柯林斯等柱式，也因此被誉为"闽南传统建筑技艺的绝唱""闽南传统装饰艺术的博物馆"。2019 年被公布为全国重点文物保护单位。

传奇福兴堂

蔡飞跃

　　"中国传统村落"永春县岵山镇塘溪村，背靠西山，金溪、山斗溪绕村而过，村中 62 座百年以上的古厝星散于各个角落。

　　班上里是塘溪村的一个角落，村子以"背山临田、环水植树"布局。坐落在村子最高处的全国重点文物保护单位福兴堂，为民国末期著名商贾李武宗、李武庸兄弟出资所建，俗称李家大院。

　　李武宗、李武庸是永春的著名乡贤，他们兄弟俩同心协力经商的事迹，许多岵山人至今津津乐道。李武宗排行老二，生于 1896 年，武庸是他的弟弟，两人都有精明的商业天赋。尤其李武宗，确实是一位传奇人物——他以挑货郎的角色走上经商之路，尽管大字不识几个，却机灵勤奋，从小跟父亲学得经商诀窍。李武宗谨记父训，做生意时依靠一个"德"字。有一次，到一家熟悉的商铺进布匹，回到家中发现货筐底竟有数块金锭，李武宗没有据为己有，而是主动退还。店铺老板记在心上，后来对李武宗的事业不遗余力地帮助。

　　脚踏实地做事的诚信品质给李武宗、李武庸换来好名声，生意上结交的朋友越来越多。继承家业后，在武宗和武庸的努力下，先后开办了火柴石厂、葡萄糖厂、纺织厂、药厂等，生意像滚雪球一样越滚越大，多有积蓄，在福州、香港、上海等地甚至美国广置房产。仅福州三坊七巷就有李氏兄弟的多间店面。

福兴堂正门／王少华 摄

俯瞰福兴堂 / 黄婷婷 摄

福兴堂动工于 1942 年，二进悬山式土木砖石结构，占地面积 5380 平方米，建筑面积 1570 平方米，坐西南朝东北，由正门、门厅、天井、两厢、正厅和左右护厝组成。共有房 22 间、厅堂 6 个及天井 5 个，是一座中西合璧的闽南民居。

悬山式是中国古代建筑的一种屋顶样式。悬山式建筑梢间的檩木不是包砌在山墙之内，而是挑出山墙之外，这也是它区别于硬山式屋顶的主要之处。和硬山式屋顶相比，悬山顶有利于防雨，而硬山顶有利于防风火，福兴堂建于永春山区，因而屋顶采用悬山式。

班上里自然村除了福兴堂，还有儒苑堂、儒丰堂、儒林堂等古厝。泉州的一些地方，喜欢以"堂"或"厝"命名居所。岵山的宅第，不论新旧，宅名都有一个"堂"字；而南安官桥蔡氏古民居群则每一座都带一个"厝"字。说法不同，表述的都是屋的意思。泉州古"堂""厝"中的祖祠家庙，主厅是摆放祖先牌位的场所，也是祭拜先人的地方。

传奇人物营造了一座精致的闽南古厝：福兴堂从开工到竣工，用了 6 年的时间，它虽然不是闽南最大的民居，但单座耗费的工时也许是最长的。原因有三个方面：一是建筑雕塑种类多，汇聚了木雕、石雕、泥雕、砖雕、剪粘，大都由能工巧匠手工制作，做工极其精细，可以说是慢工出细活；二是时值艰难困苦的抗日战争时期，影响了一些从外国采购的建材正常进货；三是李武宗 1945 年在上海吴淞口遭日本水雷袭击，不幸遇难，年仅 49 岁，滞缓了工程进度。

泉州古厝是"五代皇宫遗制"，承继晋朝士族衣冠南渡

的威仪和气派。福兴堂则是以泉州古厝为基本蓝图，糅合西方的审美观念、中西合璧的形制，自然令人耳目一新。诸如在顶落平面布置上，比传统民居多设一排石柱，采光更为通透；屋脊采用马背型，底下波浪是水形的山墙；地面铺贴材料局部采用外国生产的瓷砖，花色明艳，增强视觉效果；还有正厅的罗马柱的青铜纹样融合丘比特雕刻、室内的八仙过海透雕、闽南饮茶四乐浮雕、展现从自行车到小轿车时代变化的木雕，以及反映中国历史典故的穆桂英挂帅、三国故事的镂空窗棂，都富有极高的审美价值。

逐一品味线雕、浮雕、圆雕、镂雕构件和建筑饰件，由衷赞叹佛教、基督教、伊斯兰教，以及南洋文化、华侨文化、海洋文化在这座古民居里的完美融合。它所蕴含的人文内涵、艺术美学和历史价值，导人深层次的审视。

在福兴堂，对联艺术颇受游人的青睐。书家隶、篆、正楷、行楷龙飞凤舞，笔法遒劲。花一点时间探究联文的内涵有益情趣——辉绿岩大门上的对联"福不唐捐处世毋违十善道，兴堪计日居心要奉三无私"，规劝子孙要弘扬无私、行善的精神。而刻在显眼处的另一副对联"遵祖宗二字格言曰勤曰俭，教子孙两行正路惟读惟耕"，目的是要让子孙后代永远记取家训，也给人思考。

对联与匾额往往表达业主的心声。石卷轴上的"国顺""家齐"，门柱上"人间千百年世家无非积德，天下第一件好事还是读书"，"看尽奇观不如书卷，尝来滋味无过菜根"等对联，以及清朝著名教育家朱柏庐的治家格言，显示李武宗对后代的期许，其警策作用和教育意义都不容低估。而这些对联，也印证了李武宗兄弟是有思想、有内涵的人。

在闽南人的心目中，红色象征高贵、吉祥。在传统民居里，墙体用红砖砌筑，地板用红方砖铺贴。福兴堂正立面墙体砌筑的也是红砖，且用心拼接成一组组精美的图案。让人难以忘怀的是正立面刻在砖墙上的两副对联，字体别具一格。内侧一副为"福如东海，寿比南山"比较容易辨识，外侧那一副只认得上联"金

福兴堂木雕石雕／刘宝生 摄

玉其章"，下联有的说是"恭喜发财"，有的说是"虎踞龙蟠"，有的说是"金银满盘"，众说纷纭，至今还没有听到有说服力的定论。

绘画雕刻，是福兴堂着力体现的艺术。许多图案是用名画直接贴在石板上雕琢而成的。雕工刀笔下的花鸟鱼虫，是那么的栩栩如生。这种既显匠气又显文气的雕刻技艺，在现存的建筑物上已不多见。按照专家的说法，著名画家李霞、著名瓷画家陈尧民的作品，在福兴堂可以寻得着。正因为有诸多名家巧匠的加盟，福兴堂一幅幅形象生动的绘画雕刻，感动了许多后来人。

值得一提的是，福兴堂的石雕、木雕、砖雕全都出自参与建造南京中山

陵的师傅之手，共有100多名师傅，分为两大组，由土成师傅总负责。这拨工匠身处乱世，居无定所，李武宗兄弟把他们收留下来，发挥他们的作用。泥塑师以及画师，都是当时全国最顶尖的匠人；各种雕刻手法交替使用，使得福兴堂在兴建时已名声在外。李武宗的至交——著名侨领陈嘉庚曾三次莅临现场参观，高度赞扬工匠的技艺和严谨态度，真诚邀请他们待福兴堂交工后，前往集美学村参与建设。从陈嘉庚三次做客塘溪，可知李武宗人脉广布；从福兴堂里惊现八闽罕见的精美木雕、砖雕、泥塑，不难理解此堂缘何被誉为"闽南传统建筑技艺的绝唱"。

门庭开阔的福兴堂，埕面大部分用石板铺贴，局部留作园圃；埕的外端，是一片长势喜人的龙眼树，映衬着老屋的气派和沧桑。福兴堂能够保存完好，真不容易，建成后时局动荡，李家人散居南洋及上海等地，没能乔迁新居。新中国成立后由政府管理，曾用作区公所、粮库，也曾驻扎过军队、种过草菇，间接使福兴堂得以保存下来。1986年落实政策，产权交还李家。

李家兄弟不仅人品好，还热心公益事业。自用宅第福兴堂还没有兴建之前，1940年他们就在塘溪创办启新小学，免费接纳贫穷孩子入学就读。在抗日战争紧要关头，物品奇缺，李家兄弟出资从海外购买两轮船的粮食，无偿分发给福州饥民。与此同时，李武宗兄弟在财力、物力上支持抗战，帮忙运送军火物资。国民政府为嘉奖李武宗的义举，推选他为福建省政府参议员，并授予李家"视国犹家"的牌匾。

迈开步伐前行，山斗溪的岸边长满了毛竹、龙眼、荔枝……一棵400多岁高龄的榕树临溪屹立，在它密密的年轮里，记录着塘溪沧海桑田的变化。

漳州蔡氏民居

漳州蔡氏民居旧称"蔡公馆"，位于漳州市芗城区官园大学甲37号。始建于清乾隆年间，1940年为漳州爱国实业家蔡竹禅购置，并聘请"泥水状元"李明月主持修复，历时4年完工。

该厝坐北朝南，占地面积2865平方米，建筑面积1291平方米，为五间张三落带双边护大厝。中轴建筑由围墙、大石埕和前厅、中厅、后厅及后花园等组成，两侧各有一条护厝。石埕宽敞，花圃盆栽，绿意盎然，东端有个别致的双口凤眼石井。三座厅堂，前低后高，前厅采用三川脊，中厅与后厅一字正脊贯通，两端均有高高起翘的燕尾脊。两侧护厝低于主座屋顶，山墙面做观音兜式，与主座相连构成建筑主立面，充满变化。后花园原有亭台、鱼池、假山、兰圃，惜为房地产开发占用，景观不再。

该厝用料硕大，装饰繁简得当。主厅采用穿斗、抬梁穿插式构架，大通上的一对麒麟座怒目圆睁，威武雄壮。斗拱造型如刀状，简洁有力。大埕、天井、门框、台基等都以花岗条石铺设，中厅前廊沿石长达7米，重达4吨。石雕主要体现在抱鼓石、门簪、柱础等部位。抱鼓石呈螺旋状，其下须弥座浮雕花草、雄鹰、飞鹤、奔马、麒麟等，栩栩如生。外立面虎螭纹的镂雕花窗、虎、豹、狮、象纹的浮雕窗与白石青砖红板瓦的建筑外墙相得益彰。

该厝是漳州市区保留最完整的古民居，2005年被公布为省级文物保护单位。

蔡氏民居的百年沉浮

江惠春

漳州天下广场，可以看到一幢幢大楼耸立在马路两旁，崭新的住宅小区拔地而起，路的两边绿树成荫，花开正艳。走在街上，繁华的气息扑面而来，鳞次栉比的高楼大厦无不在彰显着这个城市的繁荣昌盛。历史名人蔡竹禅故居——蔡氏民居，就坐落在这样一处流光溢彩的街景里。

蔡竹禅先生是漳州城区人，民国时期闽南知名爱国人士，民族实业家。新中国成立后，蔡竹禅先后任漳州市工商联主委、漳州市政协副主席、漳州市

俯瞰蔡氏民居 / 蔡鹏程 摄

165

副市长、龙溪专署副专员等职。蔡竹禅先生一生爱国爱家乡，大部分财富都奉献给政府和社会，平生只留下一座颇具明清风格的民居，是漳州人民珍贵的文化遗产。如今，这座庄严而神圣的民居在高楼林立的天下广场面前，显得那么渺小，仿佛大海里的一叶小舟，稍微有些风吹草动就岌岌可危。可是，面对喧嚣，蔡氏民居又显得如此静谧悠远，有着从容淡定的端庄。在那个动乱的年代，这里是坚守的领地，也是对那段岁月最完美的展示。

蔡竹禅先生并不是这座大宅最早的主人。相传这座宅子是在清乾隆年间，文华殿大学士兼吏部尚书蔡新的门生为蔡新所建，蔡新不受，自建府第于漳浦西大门大南坂。官园府第遂改为"郑氏祠堂"，后因郑氏家族衰落，房屋年久失修渐废。蔡竹禅先生目睹府第破落不堪，但拆毁可惜，于是把府第买断，重新精选材料为其规划修建，按原古民居风格精砌细刻修饰。建筑整体结构古香古色，石雕木刻巧夺天工，于1948年修竣。

一道门，外头是鼎沸喧哗的城市街道，故居内恬静平淡，颇有一种大隐于市的感觉。现居住在民居里的是蔡竹禅的长儿媳施淑英女士，已有90多高龄，子女都在国外生活。因腿脚不便，施阿婆很少出门，平时的生活起居均由保姆照料。施阿婆年事已高，但精神矍铄，浑身上下散发着一股温文尔雅的气息，和蔼的笑容让人觉得特别亲切，似乎多年的磨难并没有在她的身上留下太多的痕迹。谈及蔡氏民居在动荡岁月中经历的历史，施阿婆神情凝重，对往事的回忆历历在目。

1966年，蔡竹禅先生过世。那年时局动荡，蔡宅也不可避免受此冲击，遭到一些破坏。在历史演变与社会发展中，蔡氏民居里承载了一段鲜为人知、记忆犹新的真实故事。时间或许会毁损一些物质，但也会留下一些，也正是留下的这些让人们有了无限想象的空间。这是民居的造化，也使其成为一座历尽磨难的建筑瑰宝。

蔡氏民居正门 / 李淑芬 摄

蔡氏民居厅堂插梁构架 / 李淑芬 摄

167

蔡氏民居内庭 / 李淑芬 摄

在特殊历史时期，蔡氏族人想尽办法对宅院进行保护，才使民居得以保留至今。虽经漫长的时间苦旅，阿婆的脸上反而有着淡然平静的神情。那种平和的性情是岁月沉淀下来的风度，岁月静好，现世安稳，或许这是阿婆对生活最好的理解。一个老人在历经生命中的艰辛与苦难之后，还能保持着坚忍不拔的品质，让人尊敬和钦佩。

太阳普照在蔡氏民居上，落满了旧日的光影。浮雕和瓦墙在阳光下铺展着不凡的风度。前厅门上的"鸿传竹报，苑蕴兰馨"楹联，充满了浓浓的书香味。墙面闪烁着光泽，在华丽街景的衬托下，古色古香的宅院伴着清风绿树，与周边高耸入云的大厦相映成趣，独特的建筑风格令人深刻感受到现代商业与古朴宅院的强烈反差。在蔡氏后人、地方文史工作者及相关部门的努力下，蔡氏民居于 2001 年被列为市级文物保护单位，2005 年 5 月份被评为省级文物保护单位。一个家族的历史，就这样随着宅院保留了下来。且不问院落的价值，保留的本身，就是一笔最大的财富。

民居内三落大院的设计紧密有序，院院相连，屋屋相通，人们可随意穿梭于各个屋堂之中。厅堂屋脊均为燕尾式双翘脊，第一进厅堂以三开间结构建成三川脊式迭落燕尾造型，造形独特。护厝顶的高度比厅堂略低，屋脊均为平脊式"圆枋"，暗示着尊卑长幼有别的天道伦常。蔡氏民居在做工上追求艺术及造型美，布局讲究舒适、安逸。这些造型散发出浓郁的文化传统气息，使蔡氏民居有了更深层的内涵价值。

有时候，也许是一条街，一棵树，或许是一面墙，或者只是一块青石板，都能让人们想起久远年代里的往事，因为它们承载着曾经的种种沧桑。蔡氏民居，经历了几百年的沧桑岁月，民居的老墙，曾见证过当年的辉煌。屋顶上的红瓦已布满青苔，那是对岁月最好的写照。大理石铺就的路面映射着灰白相间的光，原木构造的木板处处渗透着书香门第的稳重古朴。整座宅院设计周密，各类浮雕皆精湛绝伦，雄鹰、飞鹤、奔马等图案栩栩如生。厅堂的左右横梁上分别雕有书籍、画卷、芭蕉等，色调经久不褪，称得上是难得的珍品。前庭院靠东，花木掩映下有一口仿故宫制造而成的双口凤眼石井，两井口相倚双栖，井口窄小有防人跌落之功能，井水常年不干涸，令人叹为观止。如果从建筑的角度来看，蔡氏民居依然是精美得无懈可击。尽管岁月造成的残缺，让蔡氏民居呈现着斑驳的痕迹，我们依然可以在民居的各个细节中，感受到它蕴含的雅致。那些曾经在它身上上演的历史永远无法一笔抹去，且会让走入民居的人们感受到无法言说的痛，这份痛是民居永远

蔡氏民居双口凤眼石井 / 蔡刚华 摄

的伤口。可是，民居又是幸运的，它以安详自若的人生姿态，承受着生命之重，保留了属于自己的本色，最终得以呈现在世人面前。

百年后的今天，置身于蔡氏这座古色古香的清朝闽南建筑中，仿佛回到了旧时的岁月。不管是厅前还是屋后，一棵棵绿色植物在阳光下鲜活地成长，为古朴的民居增添了一份份绿的生机。旺盛的生命力呈现出美好的希望，这是一种不断积聚的能量，一种顽强不屈的精神，与蔡氏民居共存，为蔡氏民居增添了一抹温馨明亮的底色。透过那些枝枝叶叶，我们可以听到清新柔美的声音流淌在空气里，生生不息。朱红的大门，古朴的雕栏，幽深的院落，无不带着被岁月磨损的印迹，穿过岁月的尘埃却依然熠熠生辉。一如词中所言："千古江山，英雄无觅孙仲谋处。舞榭歌台，风流总被雨打风吹去。斜阳草树，寻常巷陌，人道寄奴曾住。想当年，金戈铁马，气吞万里如虎……"无论经历怎样的风雨沧桑，蔡氏民居在繁华中沉浮，一砖一瓦，尝尽了世间的冷暖，却始终散发出温和的气息，固守脚下的净土，巍然挺立。

蔡氏民居内遗留的石刻石碑 / 李淑芬 摄

漳浦蓝廷珍府第

蓝廷珍府第，又称为"提督府"，位于漳浦湖西乡顶坛村，建于清康熙末年至雍正初年，为福建水师提督、"治台名将"蓝廷珍晚年鼎建。2013年被公布为全国重点文物保护单位。

　　蓝宅规模宏大，通面阔52米，通进深86米，占地约4400平方米。其平面布局比较独特，分内外两圈，呈独特的"院城"形式，故又被称为"新城"。内圈由闽南传统的五间张三落厝与独立的后楼（日接楼）组成，外圈则由后屋与双护厝三面围合接门厅而成，内外圈之间以宽敞的庭院分隔，借由过水廊联系彼此。这样就在中轴线上依次分布着门厅、中厅、后厅、主楼与后屋，轴线对称，秩序井然。

　　中厅为主人待客接物的礼仪空间，以太师壁分隔前厅与后堂，前厅前出卷棚轩廊。大厅最高，体量最大，是全宅的中心与重点，是供奉神佛、祭祀祖宗神位之所。第四进的日接楼宽23米、进深10米，一层以规整的条石砌筑，二层为夯土墙，墙厚0.8米，向外开小窗，带有明显的防御功能。在官式大厝中建造独立的土楼，这在闽南传统建筑中尚属孤例。可惜的是楼内的木构架与屋顶都已被火焚，仅剩外墙空壳。

　　建筑结合了硬山搁檩造与木构承重的做法。护厝、后屋、后楼与三座厅堂的梢间都采用硬山搁檩造，三座厅堂的明间则将穿斗与抬梁结构穿插使用。梁柱用料粗壮，梭柱造，直径达40厘米，斗拱简洁有力，带有典型清早期建筑特点。木构架上员光、托木、吊筒等部位木雕精美，整个木构架装饰大气中不失精致。

　　蓝宅屋顶也是闽南建筑常见的三川脊做法，与泉州民居不一样的是其墙身将青砖与红砖结合使用，色彩显得更低调沉稳一些。

🀄 威武的提督府 ——————

林跃奇

    一座回字小城，在群山包围中，在蓝天下，显得老成、骄傲、威武、独特，它就是蓝廷珍府第。

    蓝廷珍府第坐落在福建省漳浦县湖西乡顶坛村新城自然村。这座城堡走过了历史，来到了新时代，幸运地遇到了改革开放的春风，在弘扬传统文化、保护传统文化的春风吹拂下，成了国家级文物保护单位，成了旅游热点，成了新时代人们精神生活的向往之地。

    蓝廷珍府第是武将建造的建筑，必然带有武将的性格。这一座府第，是蓝氏家族显赫势力的见证，隐藏着漳浦畲族人的榜样力量，更是海峡两岸乡愁的明证。300 多年前，从漳浦县赤岭迁居到湖西新城的蓝氏家族先后有蓝理、蓝廷珍、蓝鼎元、蓝元枚、蓝日宠、蓝瑶、蓝瑗等十多名以赫赫武功而身居要职的军事将领，他们为国家统一，为台湾的早期开发、治理做出了重要贡献，

蓝廷珍府第全景 / 林语星 摄

173

其中蓝廷珍、蓝理、蓝元枚官居一品。这在福建省是唯一的，在全国也是少有。

府第坐西向东，规模庞大，布局严谨。府门前有一大塘，清水涟涟，有白鸭浮于水面，祥云缭绕于山间和府第上空，颇具浪漫情调。府第前是宽阔的广场，由条石砌成，条石纵横交错，气派恢宏。府第主建筑台基勒脚为大面积花岗石，外墙面是红砖、灰砖，砖上方是白粉墙，红、灰、白、花四种色调对比，使得建筑好像一幅色彩斑斓的古画。

大门两侧立一对青石鼓，鼓面是麒麟、荷花、水草浮雕，栩栩如生，让人不由感叹建筑师雕艺的高超。大门门柱镌刻一副楹联："复鹿耳于崇朝，韬略奚似管乐；定东都以七日，戎机可比孙吴。"这对联是对蓝廷珍平定、治理台湾的历史功绩的歌颂。府第大门是两扇厚厚的大木门，紧闭着，门槛由高高的木板拦住，似在诉说它的威武、庄严。

蓝廷珍府第有五落，分别是门厅、正堂、后堂、主楼、后厢房。走进府第，经过天井，我来到后堂。只见大厅正中右边挂着蓝廷珍画像，左边挂着蓝元枚画像，下面是屏风，两旁有两门，通向后院。这里是蓝氏家族祭祀祖宗的场所。

后堂与天井连通，两侧敞大的走廊和正堂后廊连成一片。大厅中，四根圆木大柱，大而粗，像是四位大力士把大厅屋顶撑起，像是撑起了蓝氏家族的一片蓝天。圆木大柱下是圆石墩，雕刻着麒麟，雕刻技艺让人叹绝。大厅屋顶是木穿斗构架，骑在圆木上，用力顶起了屋顶。这让住惯钢筋水泥速成房的我，不由得感叹那种穿过历史的慢生活的精致与高雅，喟叹现代生活的粗糙与浮躁。

府第左右两侧为护厝，像是一排排卫兵守卫着正堂。正堂与护厝有过水廊，像是一个大大的"回"字中套了几个小小的"回"字。

府第第四落是主楼，这是一座两层的土楼，门匾上写着"日接楼"。据资料介绍，楼匾是蓝廷珍亲笔题写的。楼名取自《易经》中的"昼日三接"，包含了蓝廷珍之子日宠、日章、日宁三人，意为蓝氏后裔代代出人才。

日接楼/林语星 摄

　　日接楼底层是方条石砌筑，二层是三合土墙，墙很厚，三合土全部裸露在外。土楼的楼顶已塌陷，只有外墙完整矗立在那，像是个秃顶而倔强的老头一样，孤独地站立在阳光下。楼的左边，有一株榕树长在半中间，不知哪一只有情的鸟儿，把情种撒播在这里。榕树种子经过阳光的爱抚，慢慢地长成了一个男子汉似的大榕树，像是这土楼的长胡须一样，给这苍老的黄土墙以生机和活力；又像是个哨卫，高高地站在土墙上，守卫着这一片大地。

　　日接楼与左护厝之间有口八角古井，往里一探，满满清澈的井水，可映照出人的头像，像是井下放着一面镜子似的。这是古人留下的奇迹吗？清水似镜照人像，水清像自亮，人清像自明啊！

从古井转身，我走到后厢房，站在灰砖地上，一看后座，中间有一座敞厅，两端有后门。后厢房与左右厢房、护厝连成一圈，围成一个大大的四合院，像是有人手拿毛笔用力书写了几个"回"字，写得荡气回肠。

与楼同岁的水井／林语星 摄

为了更好地欣赏这一"回"字古厝，我爬上了附近的楼房，站在三层楼上，看着古老的闽南瓦厝，一座座古厝像一只只燕子，依偎在一起，向着太阳升起的地方，那燕尾仿佛在诉说着它们的顽强，它们的坚持。

蓝廷珍府第仿佛是一把神剑，兀立在湖西大地上，向历史、向今人展现它的丰功伟绩，让人不得不顶礼膜拜，不得不询问，是什么支撑着这个家族走向辉煌呢？

那，就让我们一起来看看蓝廷珍家族的简介，从中窥见一斑吧。

蓝理，清代漳浦县赤岭人，为康熙年间拖肠血战的平台先锋，以首功官至福建提督。蓝廷珍之叔。

蓝廷珍，清代漳浦县湖西人，官至南粤总兵、福建水师提督。康熙六十年（1721年）统兵入台，平定朱一贵起义。收复台湾后，署理提督职务。在台湾期间，注重台湾防务，防备外国侵略，不滥杀群众，安定社会，发展农业，为台湾早期的开发发挥了重要作用。卒后赠太子少保，世袭轻车都尉。其子蓝日宠承父职，官至铜山营参将，孙子蓝元枚历任台湾镇总兵、江南提督，乾隆年间，带兵入台平定林爽文起义。

蓝鼎元，字玉霖，清初"筹台宗匠"，蓝廷珍族弟。他建议蓝廷珍理番，加强汉族和高山族团结，完善台湾防务，鼓励垦殖，发展生产等。这些政策成为历代治台者长期沿用的政策。蓝理、蓝廷珍、蓝鼎元，史称"蓝氏三杰"。

看完蓝氏家族的简介，我们不难得出，这一家族人人爱国爱乡，忠君爱民，具有民族气节，勇担重任。正是这种代代相传的正气引领他们，才使湖西蓝氏家族得以走向历史的辉煌。时至今日，人们还在敬重他们，瞻仰他们。

蓝廷珍府第与旁边的现代建筑相比，虽显得老气，但仍然精神，它是纯朴的畲族人尚武精神的体现，散发出畲族人豪放、义气、包容、热情、善良、勤劳的精神，涵养着闽南古厝的古朴气质，使其历经三四百年而不毁，成为几百年来海峡两岸蓝氏子孙接祖认宗的凭证。

我想，城堡因人而得以存活，人因城堡而在历史长河中闪光。蓝廷珍府第就是如此一座建筑。蓝氏后代依托蓝廷珍府第而生存下来，蓝氏三杰功绩因

独特的照壁 / 林语星 摄

蓝廷珍府第而为世人赞叹，其爱国爱民的人品为人瞻仰。这就是相互依存吧。

蓝廷珍府第还有一张名片，那就是它的畲族身份——姓蓝。唐代时，蓝氏是闽南的原始住民，称蛮獠，是畲族人的前身。唐高宗年间，蛮獠叛乱，河南人陈政、陈元光父子率军到闽南平定蛮獠之乱。父子俩坚持对当地土著实行招抚政策，陈元光大力提倡畲汉通婚，汉化土著居民，办教育，发展经济，从而使得畲族人生生不息，使得畲族这一张文化名片大放光彩。

蓝廷珍府第数百年而不倒的魅力可见一斑。至今，蓝廷珍府第依然老当益壮，它威武的旧貌沐浴在改革开放的春雨之下，幻化成了一个个旅游者永远铭记的记忆，一个个寻根者神往的文化印迹，一个个海峡游子的乡愁情思，一个个高洁隐士的风骨，一个个民族挺立的精神脊梁。而这些，就是国保建筑躯壳下最为重要的精气神和不散的灵魂……

蓝廷珍府第，屹立在湖西的蓝天下，屹立在畲族人的灵魂里！

大夫第，建于清乾隆年间（1736—1795年），是下梅村现存规模最大、最有代表性的一座古民居，因主人邹英章官居四品，获封"中宪大夫"而得名。

该宅四进三厅带后花园。大门为三间屋宇式，门前雨坪保留着旗杆座，门槛两侧一对高约60厘米的门枕石，正面刻有麒麟、凤凰与花卉，两侧为"太师少师"图，活灵活现；门楣上有两对雕花门簪。大门后为巍峨的牌楼式砖雕门楼，五间五楼，其上砖雕繁缛，"凤舞牡丹""麒麟献瑞""衣锦还乡""马上封侯"等题材琳琅满目，技艺精湛。门楼两侧的地牛、门枕石与柱础等则石雕"出将入相""鱼跃龙门"等题材，表达了主人对科举的追求。门后穿过一个狭长的小天井，就是主厅堂，开间较大，穿斗构架，前廊施卷棚轩顶，是主要的待客、聚会、议事的场所，其木质柱础为八角鼓状，下部木雕如意纹，上部做柱櫍，中间浮雕花卉器物，有别于其他地区的石质柱础。名为"小樊川"的小花园在最后，以方形池塘为中心，四周围以石雕围栏，栏板镂雕，望柱浮雕，望兽圆雕。水池前的照墙上部匾额雕刻"小樊川"三字，中间墙身双面镂花砖雕，加上前面两层花台、兰花的配置，虚实结合，暗影婆娑。

大夫第的青砖匡斗马头墙、砖雕门楼小天井，与徽派建筑有相似之处，又有闽北建筑的典型特色。2000年被列为福建省文物保护单位。

链　接：

下梅大夫第，是邹氏四兄弟宅第的统称，由"大夫第""溪水庭院""施正堂"和一座已烧毁的民居组成，每座民居从东至西依次往后退3—6尺，长幼有序，是武夷山茶叶贸易发展的历史见证。

古厝深沉说沧桑

邹全荣

这是武夷山东部梅溪下游的一座传统古村落，它叫下梅。

下梅村有许多历经风雨沧桑的古厝，这些古厝都建于清中期的乾隆年间，如今繁华已过，古厝与古村一样，不可避免地陷入了衰落之中。其中下梅邹氏大夫第建筑群见证了清代邹氏茶商的创业兴衰，虽时过境迁，但由于建筑宏大，闽北传统民居特色鲜明，仍然得到了福建省文物保护部门的关注，有幸成为福建省第五批文物保护单位。

大夫第坐落于清代茶市下梅北街的邹厝巷。宅第主人邹英章，其孙邹太然（又名邹杰）于 1847 年为恩科进士，官至直隶赵州分州州判。任职直隶赵

大夫第／吴心正 摄

181

州分州期间，勤政为民，荣恩奉直大夫（从四品），赵州府授匾予其，邹太然于乾隆十九年（1754年）兴工建造，邹氏后人将荣恩赠匾悬于中堂，大夫第由此得名。

大夫第的建筑规制、厅堂、厢房、书阁、天井、石阶，还有防火墙照壁、门窗的通风采光、回廊帘栊的布置，都具有闽北古厝的建筑风格。

大夫第砖雕 / 李华珍 摄

大夫第不是独栋，它由施政堂、邹氏家祠、膳堂、鸦片房（大烟房）、歇屋等组成。整座建筑坐北朝南，宅门体现了府第的豪华，门楣上设有门当，门础上立有户对。大门前的天井与歇屋相得益彰，左右对称的四片格扇窗，镂雕着丰富的传统花卉图案。天井的排水功能不因年代久而淤堵，它的下水道口设计成钱眼，既可让雨水通过，又可表达富水长流四方来财的人文寓意。大门前设有照墙，左右两侧设石雕拴马石、旗幌石，体现了豪厝的气派。大夫第门楼四纵并列，各厝防火墙相依，左右各房旁门相通，门户看上去彼此分开，却又连为一体。大门前铺有宽敞的石板路，在四幢并列的大门前形成甬道。这条甬道承载了邹氏大夫第兴旺的岁月，也见证了富不过三代的衰落。如今更多的是四方游人的足迹到此踏访，聆听导游讲述茶叶、鸦片、捐官行商的家族传奇。

大夫第主人邹英章三代经商捐官，博得社会地位后，培植了重文崇儒的家风。首先体现在豪厝门楼装饰的"三雕"艺术上。邹氏大夫第的"门当户对""龙凤呈祥""鲤鱼跳龙门""平升一戟（级）"等传统文化图案，彰显了主人对传统文化的恪守。大门门框石础上雕着的"出将入相"画面，表达出这户以经商仕进人家对后人的期望，希望后人文能为相，安邦定国，武能为将，护朝保家。

走进大夫第正大厅，天井沿上的一条大石板长八米多，二三百年来未有断裂痕，保存得相当完好，这在闽北实属少见。正厅堂宽敞明亮，供着祖先邹英章画像和香案。中堂两侧挂着一副迎宾匾"帝德乾坤大，皇恩雨露深"，大夫第主人邹太然平时交往的贵宾，都是来自官场的仕宦名流。天井中摆设的石花架，如花瓶造型，上面种着祖传兰花，体现了高雅，花架下的石水缸用来盛接天水、养鱼，真是妙趣横生。这一组花架就是一组石雕小品，增添了古宅的典雅。

大夫第东面有阁三处，现只开放一处，阁内有花园，还有藏书楼。

大夫第最精美的建筑空间是"小樊川"，为江南园林造型，园名是唐朝杜牧后人杜光操题写的。这是邹氏主人的私家花园，是接待贵宾和举行家政大

小樊川/林杉 摄

下梅北街 / 吴心正 摄

事的秘密之处。"小樊川"客厅的立柱都漆成玄色，那是讲究官品位。该宅第为四进三厅建筑格局，设有厢房、书阁。客厅与花园之间被一堵屏墙隔开。这堵镂空砖雕屏墙，是集砖雕与石雕为一体的艺术画廊。屏墙天际线上的那块砖雕就是"福星高照"，中间从左到右分别雕刻着"麒麟送子""独占鳌头""天官赐福"图案。这座屏墙采用了花格砖构图，典雅华丽，给人以一种"隔墙花影动，疑是玉人来"的美学感受。

邹氏崇尚"地瘦栽松柏，家贫子读书"的古训，植有罗汉松一棵，这棵罗汉松历经二百多年的风雨，依然枝繁叶茂，是沧桑岁月的见证人，许多学者说它是武夷山境内庭园花木的活标本。

作为府第人家，门楼装饰十分考究，雕刻图案异彩纷呈，厅堂与生活空间、读书与休闲场所布局合理，和谐优雅。书阁厢房严格按照"东阁西厢"的规制布局。天井石花架，造型别致，十分有寓意，以四只花瓶支撑，意为"四季平安"。

如今，历经沧桑的邹氏大夫第经过文物部门的修复，成为中国传统村落下梅的民居建筑范本，它是解读清代茶商的乡愁符号，也是我们探索挖掘清代闽北古厝建筑文化的一处典藏。

南平峡阳大园土库

大园土库，位于南平市延平区峡阳镇德胜街94号，是清末武秀才应虞典的老宅。始建于清嘉庆年间，占地面积4800平方米，因工程浩大，历经10年才竣工。

建筑坐东北朝西南，四进九开间，中轴线上由门厅、中厅、正厅与后厅组成，规模宏伟。门厅面阔达十一开间，明间与两侧梢间面宽较大，作为厅堂。门厅后的内院异常宽敞，宽度相当于厅堂七间的面阔；两侧厢房面阔三间，当心间为敞口厅，穿斗减柱造，带后天井。中厅面阔"明七暗十一"，正厅面阔"明三暗九"，均设左、中、右三厅，厅堂前后的天井也相应地被分为三个，与各厅相对，形成三个四合院并列的格局，从空中鸟瞰，形似一个"九宫格"。中厅与正厅的明厅之间设过亭，既可遮阳避雨，也是主人日常休憩之处。后厅面阔也是十一间，作为厨房等后勤用房。中厅、正厅各三个厅堂加前院东西两厢的两个偏厅，总共八个厅，据说是仿照阳宅"八门九宫图"建造的，在福建现存传统民居中比较罕见。大园前后共有大小房屋百余间，每间房都充分考虑采光通风，广设小天井，避免了暗间的出现。外墙四面以青砖匡斗墙围合，高耸坚固，马头墙层层迭落，防御性很强。

八个厅堂都采用抬梁、穿斗穿插式结构，明间减柱造，插梁圆作，其余构架均为扁作。双步梁、额枋用料较大，一般做成月梁状，两端浮雕花卉、卷草、凤凰、锦鸡等题材，构图舒朗。该宅以象鼻状的牛腿承托挑檐枋，做法极富地域特色。建筑装饰繁简适度，大气中不乏细腻巧思。

2005年被公布为福建省级文物保护单位。

链 接：

土库，为闽北达官、富豪宅第的俗称，外部以高大的青砖匡斗墙围合，内部为多进天井式布局，抬梁穿斗混合式构架，用料硕大，带有明显的中原建筑遗风。峡阳镇的大园、大衙、石坂坪土库与下马坪土库均为典型代表。

峡阳老巷深处的"土库"

赵 玲

　　说峡阳是地道的千年古镇名副其实。据《南平县志》记载，远古唐虞时代已有土著在此繁衍，随着唐朝乾符二年（875年）中原叛乱，百姓南迁，带来了中原文明，西峡村发展成南平六邑之首。清乾隆十三年（1748年）设峡阳分县衙署，直至1931年建镇，历逾千载，人文荟萃，积淀深厚。南宋朱熹曾在此讲学，留下了"天光云影""道脉心传"的匾额真迹。古镇历代状元、进士辈出，文武官员不绝，且为官清廉，自古盛出应履盘、梁宗戴、傅瑞等画家，兴学、崇文、习艺渐成传统，至今留传的建筑、雕塑、剪纸、战胜鼓、美

大园土库过水亭与厅堂／李华珍 摄

门楼的砖雕 / 赵玲 摄

食等文化特色浓郁。它像一位千年老者,牵着一千多年的历史,风采稳健、矍铄,古韵流风,扑面而来。

峡阳古镇原有七街,现德胜街已扩建成繁华的商业街,其余仍保留着小巷原貌,许多明清古建深居其中,瑰宝遍布。峡阳土库就是其中的一块璞玉,这类似北京四合院的闽北古建筑中的奇葩,和古镇一样不露声色、如其名般的拙朴,然蕴涵丰美。

堪称土库之最的"大园"房,坐落于德胜街94号,为清末武秀才应虞典的老宅。大凡有历史的地方,宗族总声名鹊起,毕竟千百年宗法社会,氏族作为最原始、最民本的一种形态,也因血脉人缘而根深蒂固。应氏是峡阳古镇的大族,宗族聚集而居,清嘉庆年间应氏开始大兴土木,在4800平方米的地界上,历时10年建造起四进九开间、大小房百余间 的"大园"房,共居住61户。

"大园" 房坐东北朝西南,布局宏大严谨,以门厅、中厅、正厅与后厅形成中轴线,呈阶梯式外低内高,合着步步高进的寓意。"大园"门厅前有长长的巷道连接到德胜街,似通幽别径,在临街处设一单间外门楼。门厅面阔十一开间，大门开在门厅正中明间前金柱的位置，三间挑檐门楼贴墙而立，讲究的额枋和牛腿恭候其上。门厅与中厅间的内院面阔七开间，异常宽敞明亮，凡初到"大园"的人，刚从狭长的巷子进入此地，会顿觉豁然开朗、别有洞天，给人大隐于市的感觉；内院两侧对称着三间厢房，其当中为敞口厅，带后天井，采光通风皆好。中厅却是面阔"明七暗十一"，正厅则"明三暗九"，均设左、中、右三厅，厅堂前后也相对应着三个天井，形成三个四合院并列的格局。中厅与正厅的明厅间建有过亭，绕着天井走动似回廊曼妙，既方便遮阳避雨，家人亲眷们还可在此休憩闲聊，十分妥帖惬意。后厅面阔十一间，为厨房等后勤用房。这样的布局设计，院落房屋围抱，天井通透深远，百余间大小房屋都充分考虑通风采光，大家族生活的功能一应俱全，尽显天人合一、和谐大同的理念，饱含传统民居的文化智慧。若从空中鸟瞰，"大园"房便俨然像一个"九宫格"。

大园土库柱础石雕 / 赵玲 摄

大园土库门枕石石雕 / 赵玲 摄

峡阳土库"大园"房的建筑格局，不仅特别在"九宫格"，其中厅、正厅各三个厅堂，加内院两侧厢房的两个偏厅，共有八

个厅，传说是仿照阳宅"八门九宫图"而建，在闽地传统民居建筑中实属罕见，堪称一奇。

峡阳土库正厅可立四根大柱是身份显要的标志，规模、精美更是家族辉煌的象征，所以非秀才以上功名人士不得居建，这是峡阳土库的讲究和规矩。"大园"房里八个厅堂都采用抬梁、穿斗混合式结构，明间穿斗减柱造，造上金柱与中柱落在杠梁上，使得空间宽敞。仰首观望，插梁圆作，两端浮雕涡卷，简洁明快；穿斗构造与厅堂前廊构架均为扁作，月梁两端多以花卉、卷草、凤凰、锦鸡等题材的浮雕修饰；雀替、槅扇则是镂雕为主，精细雅致。其间各种构图、造型舒朗生动，中规中矩地沉默着那个年代的气息和祈福祝愿。"大园"房内，房屋的木雕窗花、迤逦的回廊柱础，繁复齐整地深刻世间美好，彰显出土库建筑、雕刻艺术的精湛。

"大园"房整座建筑规矩方止，大气中不乏细致巧思。当年大宅喜事临门，光张贴对联就要 500 张红纸，足见其规模宏大。现只尚存前二进的"大园"房，仍居住着百余名应氏后人。门厅右边上，悬挂着 1926 年福建省长萨镇冰赠授的"厚德延年"金匾，一段应氏先辈救危济难的善举也随之光鲜、无声地高高挂起，成为镇宅之宝。

对于土库人家，本色是永恒的基调。如今信步这里，历史文化的痕迹融合在乡风民情中，质朴、和美，成了一道独特的风景线。古居的门窗木雕，虽浸染岁月烟尘，但抹不去烙印的美好祝愿，依然让人感到无比亲切。男人忙事去了，只有女人、孩子围坐在"大园"门厅两旁，不紧不慢地织毛衣、拉家常，扯住了大宅阔院悠然、快乐的时光。昔日显赫身家的大柱，如今贴满吉祥对联。晾晒于内院一角的衣被，红红火火，与土木、老墙一道尽显实在的农家味道。看惯了进出的过客，土库里的女人不再有农家女的羞涩，大方地招呼我们给小孩照个相，被推到人前的小哥俩倒是不怯场，只是场外指导太多，小家伙一时

大园土库前的长巷 / 李华珍 摄

俯瞰峡阳土库"大园"房/赵玲 摄

无所适从，难为了热情的摄影家。终于抓住镜头，也该是我们告别离去的时候了，女人们说"照片寄德胜街94号啊"。

漫步这里，带着传统文化元素的斑斑点点，可以拾满心怀。细细琢磨，留下的建筑风貌远远超出其本身的意义，上面缀满了历史，片砖片瓦、平竖纵横都续写了文字，那敞向空中的天井好像在讲述着故事。千百年的文明造化凝聚在一方天地里，是一份多么应该让后人永远敬仰并欣然接受的财富啊！禁不住留恋，再回头看一眼那象鼻拱屋檐的人家。

光泽崇仁裘氏民居

袤氏民居位于南平市光泽县崇仁乡崇仁村崇仁街13号，由袤家老宅与袤氏家祠组成。袤家老宅建于明末清初，五进三间，可惜残损严重。袤氏家祠建于清雍正十一年（1733年），保留相对完整，原为祠堂，现为居家住屋。

　　袤氏家祠三进三开间，一进厅采用抬梁、穿斗混合式结构，空间通敞，顶饰斗八藻井，中间为云菱形，内嵌蝙蝠等木雕，明间后檐屋顶上升起一个小歇山屋顶，飞檐翘角，富有表现力。二进厅采用穿斗式构架，前出双步廊，穿斗的步架比较密，穿枋、额枋、插梁全部做成月梁形，两端线雕如意，简洁明快；厅中设八字神龛，供奉袤氏祖先。两进厅堂均做"假屋顶"（双层屋顶），内层屋顶以中柱后的金柱为脊柱，使得厅堂空间更加宽敞。三进厅堂较小，穿斗式构架，局部被改造。

　　袤氏家祠细部装饰大气讲究。砖雕门楼八字牌楼式，六柱五间五屋顶，当心间减柱造，额枋中书"袤氏家祠"，屋顶仿木构砖雕斗拱承托出檐，牌楼面仿木构槛窗砖雕楅心、绦环板、月梁等，题材多样，繁简疏密结合，十分壮观。宅内斜撑、楅扇绦环板等部位木雕较细。柱础十分粗壮，造型很有特色，三段式，下部为不规则的八边形，勾栏做法，中部为镜鼓状，施以浅浮雕，上部为木质柱櫍，有莲花状、莲瓣状等，大有古风。

　　该组建筑祠宅合一，历史悠久，带有典型的闽北地域特色，2009年被公布为福建省级文物保护单位。

裘氏家祠话沧桑

王建成

在闽北光泽县崇仁乡的崇仁古街北头，伫立着一座高大气派的古宗祠——裘氏家祠。

每一个来到古街参观的人，都要先看裘氏家祠，它作为福建省文物保护单位，是古街的一张文化名片，也是当地保护最完好的古建筑之一。

裘氏家祠临街，占地面积约 340 平方米，左右为龚氏人家房子。祠堂外观为立式门楼，高约 20 米，呈叠式牌坊状，瓦檐、石面、方匾。两边附楼，

崇仁裘氏民居／林文强 摄

197

楼牌高耸，中间镶嵌石刻砖雕，人物、花草、龙凤、动物，纹饰精美，做工精巧，栩栩如生，显示了古代工匠高超的技艺。门楼上方横匾，从右到左刻有"裘氏家祠"字样。大门宽约 15 米，两边呈八字开，对称两边影壁，为四榀三间格式的建筑。门口两旁石墩，三级石阶，门口石条横杠。里面为三进式，进去是前厅，设有屏门，上有藻顶，地上方砖条石铺地。两边侧房，跨过中间天井，石阶两边而上到正堂。左右厢房，里面是后堂。祠堂内宽大，黑瓦方墙板壁，歇山式屋顶。厅内木柱粗大，主梁穿斗，横头立起。左右厢房两旁相称，门上嵌窗花格，花鸟雕饰。厅两边月门过去是后堂，放神龛的位置。

　　在这里，71 岁的裘氏后人裘平给我看了一册清版的《裘氏支谱》，里面记载裘氏来自江西黎川十里蛟湖裘坊，裘氏先祖大兴公生五个儿子，清乾隆二十五年（1760 年），因家贫，老四梓源公、老五梓浣公两个儿子迁居光泽。

裘氏家祠砖雕门楼 / 王世亮 摄

梓源公生七男三女，以子例赠儒林郎，晋赠奉政大夫。元配李夫人诰赠夫人，旌表百岁，五世同堂，奉旨"贞寿之门"建坊，恩赏银子费用。三子裘廷柱，字海筹，号锡堂，生于清乾隆三十六年（1771年），为太学生，后迁往崇仁发展。在此家境富贵，子孙发达，做官出仕，光大家族。第二代的裘绍箕为太学生、举人，任湖北京山知县，著有《来鹤文集》《鹿门诗草》等著作，娶翰林学士龚文焕之女为妻。第三代的裘宪谷为刑部奉天主事，裘宪琚为知县后升任知府。海筹公以子贵而诰封奉政大夫，以孙贵刑部奉天主事加八级而诰封资政大夫。夫人诰封太宜人、太夫人。清同治年间，子孙为感念祖宗余荫，将此房改造建起裘氏家祠，以供后人春秋祭祀。

崇仁山水秀丽，地势平阔，自古以来居住着龚姓、邱姓、王姓等许多人家。然而，裘家人在崇仁落脚，家族发展也历尽了沧桑。在祠堂内，73岁的裘氏后人裘尚发老人给我讲了裘氏家族中世代流传的祖上开基时的一个故事。传说当年裘家祖先到崇仁，就想在这里安家下来。恰好村中一户龚姓人家的破旧房子要卖，于是他请风水先生看后，说这房子虽然破旧，但地势很好，前有纱帽山，后有卧虎山和黄牛山等，灵气都直指这房子所在地，买下这房后一定会家财兴旺，子孙发达。于是这位裘姓先人听了风水先生的话，花大价钱将房子买下来。裘家人说这位龚姓人是当地一个"光棍"（二流子、败家子），见裘姓是有钱人，来崇仁又是独姓人家，人单势弱，就想搞点鬼，讹诈他。在写房契合同时，这位龚姓人就马上眼珠一转，说有一橱子没有地方寄放，让买主允许放在厅堂里。裘姓人想，一个橱子没地方放，暂时放在厅堂里也没什么，就同意了。龚姓人马上就要求写房契合同的中人后面加上一句："厅堂橱外。"裘姓人也没在意，就让写了这一句，交了钱搬过来居住。没多久就到过年的时间了，这位龚姓人却大摇大摆地带着东西来厅堂里居住，说房子卖了但这厅堂还是他的。裘姓人奇怪了，问："房子都卖给我了，怎么厅堂还会是你的？！"

龚姓人掏出房契，指着上面冷笑道："你看合同最后一句'厅堂橱（除）外'，白纸黑字地写着，所以这厅堂还是我的！""你这是无赖！""是不是无赖，可以去见官府让断一断！"裘姓人知道中了人家的算计，气得无法，想想初到此地，人单势孤，还是度量大一点，不和这类"光棍"计较。于是就又花钱再把厅堂买下，让龚姓人把橱子搬走。

原本问题就这样解决了，可是事情还没完。这位裘姓人在崇仁居住没多久，不知是自己的奋斗还是真的沾上了这里的好风水，家族子孙兴旺，很快发达起来。而且后代读书做官、经商发财的很多，可谓富甲显于一方，权贵毕于一族。后来又买了一块地，把房子也盖大起来，叫裘氏大宅。门阔 36 米，里面深约 42 米，光房屋就有 100 间，还有花园池塘水榭亭台，延伸约 200 米长，

崇仁民居马头墙 / 王世亮 摄

裘氏民居砖雕门额 / 李华珍 摄

面积约 1512 平方米，在当地首屈一指。这位龚姓人见裘姓人好欺，就得寸进尺。于是又在这座房子后门通弄子（巷子）到河边的路口上设障，不让裘姓人通过。说这条弄子没有卖，还是龚家的，要过还要交钱。裘姓人住在这里，每天必须到河边挑水、洗衣、洗菜，被龚姓人拦了不能去。最后裘姓人想想还是度量再大一点，和这种人计较不值得，就又咬咬牙花钱把弄子也买下来，一家人才能走这条弄子。这条弄子以后就归裘家了，叫"裘家弄子"。而龚姓人在当地居住了很多代，见裘姓人发达心里很不平，于是有个别人出了个主意，串连龚姓族人聚钱在裘家大宅前面和左右各建了一个祠堂，形成包围之势，意图压住裘姓的运势风头。龚姓人没想到建了三个祠堂，还是没压住裘姓人，不知是什么问题。于是他们私下找了个地理先生求解，地理先生解释说，这是"龙衔珠"，"龚"字上面是龙，裘字通球（珠）的意思，龚姓人不能弄裘姓人，龙会滋润

球，越弄越会助裘姓人，一切算计都是白费。这时，一些正直的龚姓长辈人也站出来，反对欺负外姓人，制止家族中个别人算计裘家人。这个别龚姓人后来想想也是，从一切迹象来看，裘家在崇仁发达是天意，拦不住，只有顺其自然。再说大姓人欺负小姓人，本地人排斥外来人，于理也说不过去，是自己不对。所以这样一想，心态也就平了。自此以后裘姓和龚姓人开始和睦相处，都成为当地的旺族。

漫步在祠堂内，心里无限感慨。家祠记录了一个家族发展的历史，述说着祖先开基创业的沧桑。裘氏家祠历经200多年，内部受到一些改造破坏。2000年后开始被纳入县保护范围，2009年被列入福建省文物保护单位。当地文化部门和乡村定期修缮，专人负责管理保护，才留下岁月的乡愁和一个家族的百年沧桑记忆。这一切，不禁让人感到无限欣慰。

陈氏民居也叫楠木厅，位于南平市建阳区书坊乡康宁路65号，为书坊富商陈氏于1903—1906年所建，因宅中梁柱、主要家具均用楠木制作而得名。

楠木厅三进三开间，占地面积约400平方米。外门侧开，进门左为照墙，墙正中有一团"福"，两侧砖雕对联"幽谷鹿鸣苔还静，深树云来鸟不知"，横批"三峰拱秀"；右为砖雕门楼，阴雕的匾额"妫汭传芳"道出了主人的家世源流。牌楼面门楣及以上部位雕刻了"空城计"等历史典故、花草鸟兽、博古器物等，构图细密；下部则浮雕"卍"字和其他几何图形，繁而不乱。门楼前还有一个精致的木雕门罩，与砖雕门楼刚柔并济。

门楼后的门厅、正厅都是穿斗减柱造，天井四廊楠木卷棚轩顶交圈，转角以木雕精美的斗拱承托。正厅插梁与穿枋均作月梁形，扁作，其上精雕细刻，古朴典雅。正厅后天井中的照墙正面横批石雕朱熹手迹"居之安"，其上额砖雕"郭子仪拜寿"，结合了浮雕、镂雕、阴雕等手法，人物众多，富有层次；其下双面镂空砖雕的花窗两侧还有根据朱熹的手迹拓的对联"鸢飞月窟地，鱼跃海中天"，苍劲有力。照墙背面有"得清如许"四字横批。照墙两侧拱门通往小巧玲珑的后厅。宅内槅扇木雕、柱础石雕也十分精彩，尤其柱础造型多样，有八角尊、南瓜状、镜鼓状等，下部带柱顶石，上部有柱栿，比较独特。

如此精致的楠木厅在福建省内现存的古建筑中实属罕见，2013年被公布为福建省级文物保护单位。

"妫汭传芳"楠木厅

陈芩

　　建阳书坊，曾经是建本刻印书坊云集之地。顺着历史的长廊看书坊，古代文明和现代文明交融在一起，有根深蒂固的文化记忆。

　　这里，有诗词文学理论家魏庆之、有最年轻的状元丁显、有古代音律家和军事理论家阮逸、有古代天文学家游艺、有古代刻书家余象斗等的故事。这里，在宋代还有"图书之府"的美誉，当时书坊所刻印之书统称"麻沙本"或"建本"，与浙江临安刻印的"浙本"、四川成都的"蜀本"齐名。

楠木厅厅堂/郑建生 摄

　　蓝天白云，青山绿水，平展展的田野，太阳高照。空气中弥漫着田野的清香，阳光当空，恣意而灿烂。从建阳城区沿着麻阳溪水往北走，经莒口走县道，见到古白塔，就是书坊了。过去的书坊，重商善贾。人们以刀为锄，以版为田，文风郁郁，刻书出书，名扬东南。

　　书坊古街上的陈氏祖居，为清代建筑。它呈长方形，外有耸起的马头山墙，是一座闽北罕见的民居。因其屋子正厅大柱和木板及厅中香案皆用楠木，所以又称"楠木厅"。今天的楠木厅，极其美丽。因为不久前，主人家的孙子结婚，因此厅堂上的柱子都贴上了对联，阳光洒满，红彤彤的直晃你的眼。

　　屋子正门的门楣上有匾，上书"妫汭传芳"四字。"妫汭"是古地名，在今山西永济一代。房主人自己介绍，他们的祖先姓氏为"陈"，居于山西妫水一代，后迁徙于闽北秀美的山水之间，终于在书坊停下了脚步，所以门楣上就用了"妫汭传芳"四字。"传芳"寄托了陈氏家族的道统和希望。

　　匾的四周和门的两旁都是石雕，或历史故事，或喜鹊登梅之类，寓意"福禄寿喜"，皆韵味十足，栩栩如生。和正大门相对的封火墙照壁上是一个大

楠木厅门楣砖雕／郑建生 摄

楠木厅前照墙／郑建生 摄

红色的"福"字，据说原为琉璃阳刻，极为精美，后被破坏。"福"字上有"三峰拱秀"，站在此处望，不远处有三座山峰，不高但秀气，景致绝佳。"福"字两旁有砖雕行书对联，为"幽谷鹿鸣苔还静，深树云来鸟不知"，足见当时环境的清幽。

老屋是祥和的，天井是宁静的。两根石柱立于天井之中。柱上植兰，有寒兰、墨兰等，悠悠吐绿，美丽清雅。正厅的地面铺古砖，两旁八根大柱皆楠木。中堂前有一张雕刻精美的楠木香案，雕刻着飘飘祥云，在飘飘祥云之中，有八条龙回环缠绕，大气磅礴。木质的香案黑中泛灰，古朴厚重。抬头看屋顶，也是楠木，有精美的拱撑，雕梁画栋，古拙大气。两旁房间的窗棂皆为镂空图案，或整块木雕，或小块拼接。主人特地告知我们仔细查看，因为这些图案的雕镂技艺非常精妙。我们一行在楠木厅缓缓行走，驻足观看，俯仰之间，叹为观止。

后厅和大厅之间，由一照壁隔开，形成一个小空间。空间虽小，但意境深远：壁下一水缸，杂植了一些睡莲、水草等，睡莲、水草之间有金鱼自由地游动。水缸中虽时有微澜，但安闲祥和。缸的两侧植满了小竹，绿意满眼。照壁上方"得清如许"四字，取朱熹"问渠那得清如许，为有源头活水来"之意。

后厅比前厅的格局略小，厅前也有天井。天井的照壁上有一联，为"鸢

楠木厅天井中照墙 / 郑建生 摄

飞月窟地，鱼跃海中天"行书砖雕，上有朱熹姓名及印章，横批"居之安"。厅内还依稀可见"行仁义事，存忠孝心"等对联，体现了家的文化性质，是中国哲学在日常生活中的表达，让人思考。

再往里走，就是厨房和一个小小的后花园了。厨房，人的记忆中最为深刻的地方，红红的灶火，袅袅的炊烟，喷香的米饭……不知勾起了人们多少的回忆。小小的后花园里，主人种了中草药，有半夏、紫苏、薄荷、刺苋、荨麻……单是药名就让人赏心悦目，忽然想到中国古语"不为良相，则为良医"来。

古语曰："宅者，人之本。"人以宅为家，是中国建筑文化的人本精神。书坊陈氏祖居整座屋子集福贵之相与儒雅之风为一体，外封闭、内开放、大厅堂、小天井，空间形式巧妙安排，充满了东方建筑的智慧。采光的天井，规整的厅房，精致的石雕，巧妙的格局，寓意深远的"居之安"，有极强的美学价值，体现了中国建筑的伦理宗教含义、人本精神和顺应天道的人生哲学。

在"居之安"前止步，凝视这精美建筑的时候，心中萦绕着挥之不去的惊叹，在长达百年的岁月里，前人对生活的期盼和居室的哲学思想在此交融。古建筑的精美，古文化的内蕴，一切的一切，让人流连，记忆深刻。它，揩去身上穿越了百年的风尘，让人感到无尽的自豪与感慨。它，犹如开在书坊这一块土地上的古老的绚丽的花朵，散发着建筑之美的芬芳。我仿佛看到，百年前，建筑大师们在此披星戴月、伐木丁丁的繁忙身影。他们唱着号子，掘土、开基、夯石、砌墙……我又仿佛看到，那美丽的砖雕石雕从建筑艺人手中雕镂出来，打磨、镶嵌、拼接……最后，有了这集布局之美、雕刻之美、文化之美的江南民居！

主人陈老伯，名高，很健谈，耄耋之年的他举手投足之间自有一种大家风范。他给我娓娓讲述了楠木厅老屋营造的处处璀璨、点点光华。老人还说了家道的败落、身世的变迁，言语之中有无限的自豪，又有无限的感慨。听着老人的诉说，我痛心那个时代的盲目，为那一段历史而惋惜。但历史也正如明镜，能照亮前进的路，让现实明了，让人心澄澈。人类文明发展过程，此消彼长，存亡和兴废，如一条长河，终归向前。

百年春秋弹指间，穿越历史并能在浩劫之后保存下来的，带着记忆、带着历史、带着营造智慧之美的楠木厅，无疑是一笔珍贵的遗产。古建筑，是极富文化内蕴的载体，是有历史记忆和文化记忆的空间符号，珍惜之、维护之、保存之，才能为后人昭示一条清晰的建筑文化之路，才能建构与传播具有中华民族特征的文化符号。

出楠木厅，微风轻拂，时间仿佛静了下来。再回首，阳光洒满屋子。有燕唧唧，于屋宇下欢快飞翔。

顺昌元坑陈氏民居

陈氏民居俗称"三大栋"，位于南平市顺昌县元坑镇东郊村，为清代富商陈昭煌始建。2009年被公布为福建省级文物保护单位。

　　建筑坐东北朝西南，背倚山丘，前临广阔的农田。三大栋并不止三栋，从正面看，是由一字排开、大小不一的六落建筑组成，各落二至四进不等，相邻共建，内部廊院前后左右相接，互通声气。各落建筑后面又接着大小不一、平面不规则的院落7个，前后加起来多达13个院落，规模宏大，通面阔约121米，总进深近86米。整个建筑群南筑空埕，东蓄池水，西、北两面沟渠环绕，形成内则廊院相接、外则聚敛成团，整体性极强的组群式建筑。各落大院中轴对称，梢间之外的空间则随形而变。中厅与后厅之间的中轴线上广设过水亭，将天井一分为二，是闽北土库民居常见做法。

　　每个院落均以一字迭落的青砖匡斗墙围合，高耸坚固。正面一般以象鼻状牛腿或垂花柱承托出挑单坡木构门罩。内部以穿斗式构架承重，厅堂前廊广作卷棚轩，穿梁、双步梁扁作，呈月梁状，穿枋为弯曲上翘的象鼻状，用料硕大厚实；梁两端浮雕夔龙、飞凤、卷草等，线条粗犷却不失生动。穿梁上的步柱一般雕刻成上大下小的瓶状，线条圆润，其上浮雕花草瑞兽，造型别致。雀替、牛腿多雕刻象鼻、鳌鱼、花草等，画龙点睛。厅堂太师壁两侧甬门上设神龛，左"敬天"，右"尊祖"，其下槛、上楣、挂落等部位镂雕、浮雕、线雕花草鸟兽、人物典故等，并施以镏金，精致细腻。槅扇的格心通透简洁，绦环板则木雕三国故事等内容，富有层次感。

藏风聚气陈氏第

刘建闽

　　顺昌元坑古镇，金溪水静静流淌，青石道幽幽延伸，远离车水马龙的城市，置身鸡犬相闻的田野，有着世外桃源的景致。阡陌相连的村落里遗存的许多古民居，默默诉说着这里曾经农商并举的盛况，大兴土木的辉煌，人杰地灵的风流。省级文物保护单位，东郊村的陈氏三大栋便是其中的翘楚。

　　陈氏三大栋每栋分置中门、前厅、正厅、后厅、前后天井、左右回廊，

陈氏民居立面/李华珍 摄

一应布局合理、设计精良。它是族居式组合型古民居，四座四进庭院并列而建，既相对独立又相通相连，占地足有2800平方米。它保留了典型的清代原始建筑风貌，是顺昌第一大清代古建筑群，现在还有人居住。"读书好，耕田好，说好就好；创业难，守成难，知难不难"是他们的精神写照。

　　始创业者陈昭煌白手起家，艰难困苦玉汝成，商海拼搏聚财富。利用元坑四通八达的水陆交通优势，把元坑的杉木、毛边纸、桐油等山货运到四面八方，赚回大把大把白花花的银子，而后耗时三年，完成这藏风聚气、福荫子孙的宏伟工程。

213

陈氏民居神龛 / 李华珍 摄

据说，当时陈家养了一支押货看家的卫队，有一次从福州运回一船货款，雇了36个人去挑，银子足有2000多公斤重。管中窥豹，陈家的财大气粗、八面威风可想而知。前人栽树，后人乘凉。房屋建成后，陈家九代住了180多年都不用盖新房。陈昭煌的两位堂兄弟在旁边又盖房屋，形成六座连体，总占地面积4700多平方米。不难想象，陈氏兄弟，在事业上强强联合，风雨同舟，气势恢宏，合作共赢。

时过境迁，我们已经无法目睹陈氏家族曾经的繁荣昌盛，但宅前的石鼓、拴马石架、停轿坪，依然让我们想象门前的熙熙攘攘，人声鼎沸；院内四方青砖铺就的两丈多高的空阔厅堂，让我们想象这里的高朋满座，推杯换盏；正厅前贯通左右四家的走廊、过亭回廊——这种不设防的建筑格局，让人相信这个大家庭没有"大观园"里的钩心斗角、争风吃醋、争权夺利，有的只是"和乐门"内的亲密无间、相敬如宾、互助合作。维系家族关系的不仅有浓得化不开的血缘，也有水乳交融的人缘。老屋似乎是一本旧书，默默地诠释"里仁为美"的涵义。

琢磨品味这座古宅，我们体会到了主人的富有，家族成员的和睦。同时还可以切肤地感受到古宅处处弥漫的文墨气息和高雅的艺术情调：中堂、立柱、门楣镌刻的楹联，入木三分，矫若游龙，让人为之击节。梁架、挑檐、雀替、槅扇、花窗、神橱上装饰着精致木雕，人物神仙、花鸟鱼虫、山水林石、福禄寿喜等图案，栩栩如生，呼之欲出，让人流连忘返；三国演义、八仙过海、西厢记等戏文故事，经久不衰，引人入胜……于细微处，生动地展示了当时元坑工匠含英咀华、胸藏万卷的不凡和主人审美取向的不俗，说明主人不仅是腰缠万贯的富翁，更是满腹经纶的书生。

这也难怪，古代元坑繁荣鼎盛的时候，风云际会，群星璀璨，诞生了许多杰出人物，其中南宋名臣工部尚书廖刚，广西经略、著名藏书家余良弼，朱熹得意门生廖德明，明代户部郎中叶宗远就是鹤立鸡群的代表。理学大师杨时、游酢、朱熹曾在此开门办学，广招门徒，传扬理学，为古镇留下了丰厚的历史遗存和文化积淀。吉光片羽，凤毛麟角，难免在历史的尘埃中湮没，但大师云集的神奇故事，余韵袅袅，不绝如缕。

区别于一般殷实儒商家庭，宅中牌匾，彰显主人与众不同的朋友圈、非凡的经历、特殊的荣耀，它们或装置于正门之上，或高悬于正厅中央，贤才俊杰，垂范后世。乾隆年间史部尚书刘墉为武状元陈瑚题写的"德耀乔松"寿匾，历经二百多年，镏金大字，风采依然；两端的行款："赐进士出身史部尚书兼国子监事务加三级刘墉为陈瑚五十寿立，乾隆五十九年穀旦。"左款尾印印文"石庵"，清晰可见，苍劲有力。驻足牌匾前，思绪翻飞，不由

陈氏民居卷棚轩木雕 / 李华珍 摄

地把边城小镇与遥远京城联系在一起，把
基层的"地气"与高层的"天线"联
系在一起，把"仓廪足"的富贵和
"知礼仪"的高贵联系在一起。

　　"志于道，据于德，依于仁，
游于艺。"在陈氏宅院的戏台旧址
上，我想到了这句话。陈氏家人于
闲暇之际，或是重大日子，不惜重金邀
请周边名家戏班在戏台演出，或者是以票友的
身份自娱自乐，每逢初一十五，更是同乡欢聚，
祭神祀祖。好戏连台，锣鼓喧天，丝竹盈耳，多少波澜壮阔、哀婉缠绵、忠孝
节义的故事在这里粉墨登场……舞台小天地，人生大舞台，演员真情投入，观
众如醉如痴。地处偏僻元坑的百年古戏台，让人心驰神往。

陈氏民居穿斗构架 / 李华珍 摄

　　"朱雀桥边野草花，乌衣巷口夕阳斜。"尽管岁月如飞刀，风流总被雨
打风吹去，但陈氏三大栋质而不野、雅而不矫、韵味隽永的特别气息，依然给
人留下了深刻的印象；环境幽雅，造型古雅，人际和雅，雕饰文雅，地位高雅，
生活闲雅，是我对陈氏三大栋及主人的评价，我从中感悟到陈氏家族在事业上
的成就，精神上的追求，生活上的享受，艺术上的情趣。陈氏三大栋就像一粒
珍珠，镶嵌在古镇里，熠熠闪光，散发着自己独特的魅力。

邵武中书第

中书第，位于邵武市城区中心的五四路中段道佳巷3号和5号，始建于明晚期，原是邵武邓姓知府的私人宅第，现存建筑群坐北朝南，由西、中、东三落组成。西落建筑为明代建筑，东落建筑火灾后于清中期重建，中落建筑为晚近所建。

西落建筑四进三开间，东西通面阔约18米，南北通进深约48米，中轴线上依次分布着前院墙、雨坪、前堂、中堂、后堂与后楼（右侧带花园）。四周青砖匡斗墙围合，大门偏在东侧，两侧马头墙墀头突出。前院墙中部砖雕四柱三间三屋顶的照壁，二门正面砖雕四柱三间三屋顶的门楼，中间二柱减柱造落在门楣上，其上砖雕精美。前堂与中堂均采用抬梁、穿斗穿插式构造，用料硕大，体现了明代府第民宅木构架的典型特点；柱础古拙简洁，还保留着柱櫍，明代古风明显。中堂是全宅的中心，也是最重要的礼仪空间。后堂为四柱七檩硬山顶，穿斗式木构架，前出卷棚轩廊，前坡长后坡短，比较特殊。后楼前带小天井、门廊，与后堂之间隔以实墙，自成一个幽静的空间，与花园相连，曾是内眷生活起居娱游的场所。

东落建筑由轿厅、前堂（带门楼）、中堂与后堂等组成，整体呈不规则形状，面阔前宽后窄。轿厅居中，天井分列两侧，形制比较特殊。该落四柱三间三屋顶的砖雕门楼十分壮观，细节精细繁缛，珍禽瑞兽、人物典故、花草鱼鸟应有尽有，构图巧妙，多而不乱，体现了较高的技艺水平。

中落原为花园与书房，现存的门厅、戏台、两廊及后楼等建筑均为晚近修建的。中落、东落后部为花园，与西落的后楼相通，连为一体。

中书第体现了明清传统民居营造技艺的特点与发展脉络，1985年辟为邵武市民俗馆，2001年被公布为福建省文物保护单位。

凝固在深巷中的时光

戴建明

　　漫步于闽北边城邵武的古巷间，悠悠古韵顿时就把先前目睹的高楼大厦漫漶得无影无踪。在弯仄的古巷中，道佳巷的古韵尤为浓郁。在这里我不仅观看到美轮美奂的明清建筑，还品味了边城厚重、丰富的民俗文化，惬意得就如在深山中呼吸清新的空气一样——心都醉了。

　　鹅卵石铺面的道佳巷北侧，并列两幢保存完整的古民居，占地面积2900多平方米。坐北向南的两栋古厝，西侧是明代中书府第，东侧为清代民居，是

中书第后堂 / 李华珍 摄

219

中书第部分毁于火后于清中期重建的，均面阔三间，穿斗式木构架，硬山顶；马头形防火墙青砖砌筑，造型优美，在岁月的研磨中，又平添了几分古朴沧桑之美。

中书第为明末邓姓知府私人宅第，三进三厅。砖构门楼用料和工艺都十分考究——花岗岩做门框，水磨青砖做门脸；门楼正上方及两侧的砖雕图案，栩栩如生、惟妙惟肖，把整个门楼烘托得既端庄又典雅；门额上的"中书第"三个字遒劲有力，潇洒飘逸，如墨梅般传递着暗香，传递出主人不俗的文气；照墙上砖刻楷书"随天体认天理"六个大字，则显露了房主人对朱熹理学中"天理"学说的推崇。清代建筑为二进二厅，砖雕门楼上"文明气象"四个大字，为朱熹所书。伫立于门楼前的轿厅、天井和耳房巡视，当年的人影幢幢仿佛就在眼前。两栋古厝都烙下了朱熹思想的印迹，充分体现了儒家思想在边城邵武深广的影响。在这里我呼吸到了时光积淀下的芬芳，尽管间杂了些许尘埃呛鼻，可是我并不嫌弃这种古旧的气息，因为它不仅仅给了我怀旧的美和回味，还是我思绪的源泉！

中书第砖雕门楼／李华珍 摄

中书第砖雕门楼／李华珍 摄

面对眼前岁月堆积的符号与先前看到的"邵武市民俗馆"牌匾的影像交织，我情不自禁地想到：在这样的古厝里展示边城的民俗，二者真是相得益彰，是最完美的联姻。

福建省第一家全方位陈列民间风俗的专题博物馆——邵武民俗馆就设在其间，1985 年筹建，1987 年建成开放。馆内分别陈列着婚俗、老年俗、服饰、生活生产用具、民间艺术、社会文化等方面的文物 2300 多件。其中百分之九十的陈列品都是从民间收集来的，配上 35 尊栩栩如生的明清人物蜡像，形象、生动、逼真地展现了明清两代边城邵武的民情民俗文化。

款步跨过门槛，走进古厝。举目环视，进而凝视，精美的木雕疏密有致地点缀在古厝的各个构件上。门窗上雕刻的蝙蝠造型优美，活灵活现，寓意幸福美满；木雕的牡丹或含苞待放，或舒瓣吐蕊，雍容华贵，寓意花开富贵……正应了"无刻不成屋，有刻斯为贵"的古话。

古朴精美的古厝赏心悦目，设在其间的民俗展厅令人目不暇接、浮想联翩。徜徉在生活、生产厅里，古人生活、生产所用的器物一一展现在眼前，如打糍粑用的石臼、防雨用的蓑衣、翻地用的铁犁、取暖用的火笼、供奉用的神龛、木制的织布机……不少器物已是有几百年历史的古董。望着这些器物上由时光堆积、陈酿的斑驳、灰黑的色彩，眼前徐徐浮现一幅幅农耕文明下的男耕女织的田园美景，耳际响起了辛弃疾的"稻花香里说丰年，听取蛙声一片"的词句，

中书第马头墙 / 李华珍 摄

自己仿佛也成了行走于阡陌中的古人。

　　民间艺术厅里展示了邵武极为丰富的民间艺术，鲜活得让人有身临其境之感。边城独有的三角戏，因戏中以小生、小丑、小旦三个角色为主而得名，被誉为全国地方戏剧的"一枝花"。 至今仍活跃于农村的民间三角戏剧团，每年都会来古厝的戏台为周边的老街坊演场戏。老街坊们随着鼓点用脚轻轻击着节，享受着戏中"没有皇帝没有官"越听越喜欢的轻松与自在。边城还流传着一种特有的打击音乐"十八番"：由一人手脚并用，有节奏地打击鼓、锣、钹等乐器，可一人独奏，也可多人合奏。多在年节和庙会期间表演。再如傩舞，邵武傩舞被称为传统民间舞蹈的"活化石"。每年的六月六，百姓就头戴神态狰狞的面具，以锣开道，边走边跳，舞蹈动作粗犷优美，人们寄望在跳舞中驱邪、迎神、庆丰收。行走在这些展示边城民间艺术的蜡像和器物间，我也仿佛走进了古代边城的民间生活，和他们一起舞蹈，一起享受欢快与乐趣。

　　婚俗厅里张灯结彩，正隆重地举行一场古老的婚礼。喜堂中央摆放着一顶做工精致的大花轿，柱子上挂着宋代理学大师朱熹手书的"忠孝持家远，诗书处世长"的楹联。木雕的"吹鼓手"们正面带喜悦吹奏迎亲曲，亲朋好友带着贺礼来贺喜。精致的花轿、凉伞、百子灯、礼担排列其中。"洞房"中，面带新婚喜悦与羞涩的新娘和满面春风的新郎，在属于自己的新房里相偎在一起，俨然听到他们彼此"执子之手，与子偕老"的私语。新郎的父母在一旁看到他们恩爱的样子，露出了灿烂的笑靥。置身其中，又怎能体会不到什么叫幸福呢？

离开了热闹的婚俗厅，步入社会文化厅。这里展出了边城历代名人才俊的资料：名相李纲，兵部尚书黄中、杜杲，盛名远播的诗论家严羽，名重诗坛的严仁、严参、严粲，丹青妙手上官伯达、严崇儒……他们款款地从历史中走来。他们中的一些人，自从走出边城就没有再回到故土，甚至连衣冠都不曾回到故土，但是他们的名望和精神却随着时光的脚步叶落归根，鞭策后进，至今依然。在这里，我还发现了一个奇怪的现象——在"八山一水一分田"的边城竟然供奉着海上保护神妈祖。原来明永乐年间郑和下西洋调邵武卫营官兵3000护卫，航船供奉妈祖神庇护，得免于灾难，邵武籍官兵返乡后，便在卫营旁建天后宫，春秋二祭。此后，富屯溪各渡口和沿河船帮都设庙供奉妈祖，希望得到护佑。想来，边城与妈祖之缘还要多谢郑和这位大航海家的牵线，没有他，或许在今天的边城就见不到一座座天后宫的踪影，边城的文化就少了一个节点。

节俗厅展示的是节俗所用的器物。边城节俗绚丽多彩，独具特色，令游者由衷赞叹。如农历七月初七的走"三桥"，这天拂晓，成百上千的男女老少，带上香烛、果品先到城郊的芹田走"父母桥"，再到城南走"夫妻桥"，最后到城东走"子孙桥"，每走一桥均须烧香点烛以求福至家门，老少平安。新春时节的打呵呵旗、跳加官、打草龙灯等蜡塑，无不惟妙惟肖，引人入胜。这里展出的春节、元宵、端午、中元、寿堂，反映了明清时期边城风俗场面。走在里面，就像在阅读邵武的民俗史。

中书第门楣砖雕 / 李华珍 摄

踏上咯吱咯吱作响、通往二层绣楼的木梯，一股亲切之情便流入心怀。绣楼四周的木质壁墙，中间圆形的隔门，房间内的家具均为红色调；南面的窗下挂着一把古琴，不远处放置一个用于绣花的大绷子。上午的阳光斜斜照过木窗，照到绷子和专心刺绣的年轻女子身上。站在圆形隔门外的一位妇人，正面带微笑看着她刺绣。这种微笑只有母亲对子女才有，真的无法用词语形容。望着这对母女，我臆想：在刺绣之余，娴静的女儿定然会行走到两座古厝之间的花园，或赏花弄草，或怀抱古琴弹奏，琴声曼妙，母亲则在一旁静静聆听……一声催促，把我从遐思中唤醒，我简直忘记了立在眼前的这对母女是对蜡塑。

边城的民俗聚集一堂，一帧帧民俗场景如蒙太奇一般在眼前更迭，一个个场景在脑海里剪切，重组成一个个鲜活的故事，重新勾连成一组组或喜庆、欢悦，或虔诚、崇敬，或融洽、温馨的日常生活画卷。这就是边城人在历史册页中的生活，简单又多姿多彩，纯朴又情感丰富。

迈出古厝，回首再望一眼门楼，古旧、隽秀、珍贵。走出很长一段路，我仍沉浸在古厝古俗古风之中，似乎到几百年前的时间激流中走了一遭，实在是意犹未尽。

邵武金坑儒林郎第

儒林郎第位于邵武市金坑乡金坑村上坊街77号，由隆焕公所建。危隆焕（1789—1848年），道光十九年（1839年）例授儒林郎，候选直隶州分州，其府第因而得名。

该宅坐西北朝东南，由主座和左侧小花园组成，总面阔22米，占地面积352平方米。主座平面不规则，中轴线上依次由门楼（内带门厅）、天井、主厅、春亭（过水亭）组成，天井两厢外加设小天井，春亭两侧设小天井，形成一大四小五个天井，比较独特。

宅第外部围以高大的"一"字迭落青砖匡斗墙，临小巷转角处的墙体则被抹圆，刚中带柔。砖雕牌坊式门楼气派恢宏，四柱三间三屋顶，仿木砖雕斗拱承托出檐；门额砖雕"儒林郎"三字，外框浮雕暗八仙；门楣上镶嵌砖雕的花卉、动物、山水建筑与人物典故等，精巧细致；牌楼面青砖拼砌龟背纹。正面壶边的彩绘生动鲜丽；外墙砖雕牡丹花窗，四周以蝙蝠相托，十分精美。

宅第以穿斗式木构架承重，门厅穿斗减柱造。插梁扁作，月梁状，两端浮雕花卉；瘦长的瓜柱上斗拱、穿枋穿插，镂雕花草。挑檐牛腿圆雕成凤凰，栩栩如生。槅扇、花窗等镂雕图案多样，构图舒朗，造型精美。地面方砖墁地，天井及廊沿石条石铺设。方形木柱础带柱顶石，不施雕刻，很有地域特色。

儒林郎第格局独特、细部精美，并保留有毛泽东语录及红军标语若干，是革命年代重要的历史印迹。2005年被公布为福建省级文物保护单位。

一座拿捏我情怀的古第

戴建明

　　层层叠叠的山峦，如一双双巨手将金坑村的房舍、田野掬于掌间，呵护着古色古香的金坑村沐浴阳光雨露，恰似一幅美不胜收的水墨丹青。精美的儒林郎第就是这里留存的明清古韵中的精巧之笔。

　　我曾静静地沉思：一座古旧的老厝，不就像一位饱经风霜的老者吗？他将连绵的岁月、物换星移，留存在记忆的深处。我们不需细问，就可从他枯

儒林郎第正立面／李华珍 摄

黑发亮的指间和沧桑的皱褶中，读出一段不一般的乡村历史。金坑村的儒林郎第就是这样一座老厝。

深山中的金坑村，古时曾是闽赣商贸通道的必经之地，处处散发着悠悠古韵。鹅卵石铺就的三米多宽的街道贯穿整个村庄，房屋鳞次栉比立于两旁，青砖黛瓦，错落有致——50 余幢或完好或残缺不全的民居、宗祠、庙宇、戏台坐落在小街的两侧，或宏伟壮观，或幽雅别致，透露出曾经的繁荣和浓郁的人文气息。这些建筑有的建于清代，有的建于明代，有的还可以追溯到更久远的年代。绝大多数古屋是砖木结构，做工精良，随处可见精美的镂空砖雕。代表性建筑有儒林郎第、风雨桥、文昌阁、危宅、大夫第、进士第、中翰第等，成为了村子里看得见、摸得着的历史记忆。

儒林郎第厢房 / 李华珍 摄

儒林郎第砖雕窗花 / 李华珍 摄

在房屋与房屋之间，弯折着一条条小巷。路面铺就的鹅卵石细密而整齐，中间的一溜石头已被磨得溜光发亮，间杂些许小草，古朴自然。用鹅卵石砌成的房屋地基，坚韧地托举着沉重的封火墙，上百年或几百年安然无恙——暴风悻悻地退却了，地震摇摇头沉默了……背阳的地方，鹅卵石与鹅卵石的缝隙间长满绿绿的、厚厚的青苔，散发出阵阵幽幽清香和原始的光影。

在众多的老厝中，儒林郎第以其建筑的精美和浓郁的书香墨气格外醒目。建于清乾隆年间的儒林郎第，由均为儒林郎的危昌彦、危隆焕父子修筑，竣工时房间数达 123 间，气势宏大。然而在岁月的洗礼下，如今已残留不多，但是精华仍存。

儒林郎第的门楼，造型宏伟壮观，砖雕精巧隽美。门楼上部别致，如塔头状，凤头冲角，层叠交错，精美大气。大门以青石条为框，门额雕刻"儒林郎"三个正楷大字，笔画遒劲有力，耀眼醒目。四边环绕砖雕，八仙用的

儒林郎第穿斗构架 / 李华珍 摄

玉板、笛子、鱼鼓、芭蕉扇等宝物图案，环环相扣，巧夺天工。另外，门楼
上还镶嵌着法轮、莲花、宝瓶、金鱼等砖雕图案，精妙绝伦；刻着鹿、蝙蝠、
牡丹等图案，栩栩如生，传递着房屋主人美好的祈愿。檐下彩绘，内容多取
材于民间生活场景，也有官场宴饮礼仪，儒家思想厚重。浩浩长幅，或工笔
写意，或浓墨重彩，层次分明，密而不乱，虽历经几百年风雨，至今依然鲜
艳夺目，具有极高的文化价值和艺术价值。整个门楼被点缀得楚楚可观。

　　从精美的砖雕和绮丽的壁画中，不难看出儒、释、道的影子在门楼和屋
檐下桴鼓相应，也可以看出房子的主人不但接受了儒、释、道合一的思想观
念，而且具体落实在自家的房子上。不知这是一种世俗化的表现，还是对明
王朝的眷念。

在对墙基的保护上，儒林郎第在金坑乃至整个闽北都是独一无二的——将天然桐油、糯米、小碎石掺和在一起，搅拌成砂浆，再敷到露在地面的墙基上。这道防护层，防水、防晒、耐久、坚固异常——穿越了几百年的时光，至今几乎完好无损。水泥见了它或许都会难为情的。伫立在它的面前，凝视它粗糙的表层，我不由地感慨万千：很多华丽的外表在时光的搓揉下，早已灰飞烟灭，而没有华丽外表的糯米砂浆，却以它坚韧的品质，绵延至今——韧劲比暂时的华丽更长久。

宅第内部布局合理，美不胜收。由前往后排列的是门楼、天井、主厅、春亭，屋内分布着四个四水归堂式天井，"一"字迭落式封火山墙高大古朴。挑檐、雀替、隔架斗拱及槅扇、花窗等造型精美，精雕细刻。木雕采用了浮雕、浅雕、镂雕等技法，且内容丰富，既有人物、花草、动物的吉祥图案，又有"羲之爱鹅""苏武牧羊""天女散花""寒山寺景"等古代典故。所雕人物，神形兼备；鸟儿形态各异，或昂首鸣叫，或交颈嬉戏，或展翅飞翔，活灵活现，呼之欲出；花儿或含苞待放，或轻舒花瓣，或怒放蕊出，姿态各异，意趣动人。韵致十足的木雕，不但美化了房屋，提高了房屋格调，还展示了房屋主人普世的福、禄、寿、喜入门来，花开富贵，锦上添花的美好愿景。厅堂内正中左右大柱上，布满包浆的拙朴和凝重，挂着"忠孝持家远，诗书处世长"两块木匾，字迹苍劲有力，落款并盖有朱熹的印章及其署名，是书法精品、家训绝句。

我细细端详着儒林郎第的每一个部件，或黑或亮，或大或小，或繁杂或简约，或色彩艳丽或古色古香，恍惚之间古厝几百年里发生的喜、怒、哀、乐，都一一浮现在眼前。尽管无法说全一个具体的场景，然而冥冥之中就是觉得那么的熟悉、亲切。这或许就是生活的积淀与停留在岁月深处的残片相互对应的结果吧！在我依依不舍离开古厝时，现在的房屋主人危名驹老先生，

指着"苏武牧羊"和"羲之爱鹅"说:"这座房子里的木雕,相当一部分是一板双面雕,这在闽北是极少的,十分珍贵。"我认真地查看起来,不是不相信,而是出于好奇。看后我被它的精妙降服了,欣赏至极。

走出儒林郎第,脚踏被沧桑风雨磨得溜光发亮的青石板、鹅卵石,品咂着满覆时光履痕的古厝记忆,思绪稠,心沉醉。尽管我背对着古厝,它的墨香却沁人心脾,拿捏着我的情怀。

尤溪玉井坊郑氏大厝

玉井坊郑氏大厝位于三明市尤溪县西滨镇厚丰村，为贡生郑孔时始建于清乾隆五十五年（1790年），历时十余年竣工。

　　大厝占地面积2200平方米，建筑面积4800平方米，坐西北向东南，四面围墙方形四角抹圆，寓意"天圆地方"。围墙内部正座、辅座两条轴线建筑并列，两侧靠外墙建壁舍，主座后做花台（化胎），北角建独立的工具房、契房，西角有公用的厕所、洗浴间、猪栏、柴草间等。主座、辅座前共用雨坪与独立的外门楼，门楼与中轴线转一个方向——朝南而立。

　　主座三进，门厅一层，面阔三间，两侧圆弧形围墙低矮。正堂面阔五间，明间宽敞，穿斗减柱造，是全宅最重要的礼仪空间；两侧梢间分别作为演武厅、汇文厅，尽显文武之道。正堂前面有一道石构屏风墙，条石墙裙，连续竹节窗，希冀节节高升，独具特色。后楼三层，一层明间是家族祭祖、婚丧嫁娶的公共空间，长辈居于次间，晚辈居于梢间或厢房、二楼；次间与梢间之间设通道。

　　辅座前端为一个南北朝向、面阔三间的四合院，作为书院。其后的粮库、钱库均为二层，以厚重的三合土墙围合，门窗皆以条石为构，底部以长条石架空，防火防潮。再后为厨房。主座、辅座与壁舍之间隔以狭长的天井，中间设架空的过水亭。

　　大厝前低后高，空间高下组合，朝向各异，屋顶高低错落，纵横穿插，上下行走间，步移景异，移景入框。其大体量、高楼层、繁构造、多功能、美装饰，堪称福建大型山地民居的佼佼者。2013年被公布为全国重点文物保护单位。

玉井坊里听雨声

郑建光

　　玉井坊郑氏大厝在尤溪县厚丰村，原名孔时公厝，申报国家级文物保护单位时使用现名，村民依旧习惯称孔时公厝。府第的主人系清乾隆贡生，姓郑，名孔时，字济正。这座建筑落成于清嘉庆年间，占地面积2200平方米。

　　玉井坊的辉煌时代在清中期，见证过它的芳华的那一代人，早已作古。我家距这座大宅院仅百余步，因此，我对它并不陌生。早在1949年前后，孔时公后人大多搬出大厝，另建新居。听说公社化办大食堂时，全村一千多口人集中在玉井坊吃饭，那个热闹场面非亲历者无法想象。我上小学时，偶尔到这座大宅院的小伙伴家玩耍，大人总是不太乐意，在那个年代，谁都不认为住高墙深户值得自豪。印象中每一次到这座大厝去总是下雨，石板铺地的天井，整天湿漉漉的，廊道昏暗，显得特别阴森。同学住的阁楼，原先是郑亦泉的书房，

郑氏大厝正堂／李华珍 摄

235

门外还贴着这位先人取得功名的喜报。那时，我看不懂那张褪色且斑驳的红纸上写的内容。有人说是进士及第，后来我知道不过是岁进士，也就是贡生。当然，这也是一份荣耀。阁楼不大，称为斗室甚妥。同学经常推开花窗，伸手去接屋檐流下的雨水。现在想来，已经是四十多年前的往事了，小时候雨天在玉井坊听故事的情景依然历历在目。

郑氏大厝穿斗构架／李华珍 摄

清嘉庆七年（1802 年）的一个夏夜，郑孔时点燃火把与一伙年轻人结伴到农田里捉泥鳅。是日，月朗星稀，凉风习习，好不快活。突然，郑孔时看见远处一丘水田中央水花翻卷，异光闪烁，急忙趋前观望。只见田里一朵朵莲花缓缓升起，在水面上安详地开放。他被眼前的景象惊呆了，立即从火把中抽出一根竹竿，插在莲花盛开的位置。一阵阵热气扑面而来，奇香袭人，几位年轻人感到一阵目眩，就迷迷糊糊各自回家了。翌日，郑孔时将看到的景象说给父亲听，郑伯华将信将疑，没把儿子的话当一回事。郑孔时便领着父亲去田里察看，但昨夜莲花已了无痕迹，具体的方位也无法确定，因为，一夜之间，田野里插满了密密麻麻的竹竿。

那一年，郑孔时 26 岁。他并不灰心，把所有插着竹竿的农田买下，历时十余年，建造了这座豪宅。郑氏大厝共三进，主体由正厝、扶厝和二壁舍等组成，计 108 个房间，设有 4 个书斋、4 个钱库、4 个粮仓、2 个演武厅。大小客厅 18 间，朝向各不相同。据说，正是郑孔时迷恋水底莲花，但又无法确认穴位的原因，只好设置了不同方位、坐向的多间厅堂，以期得到风水正脉。

那时，玉井坊正堂像端着架子训话的家长，像族长公冷峻的脸孔，处处彰显着神圣的威仪，很少人随意步入，大人给我们讲故事大多选择在二堂。那人讲着讲着就抬头看一眼头顶，起初我不知道什么意思，后来，有人悄悄告诉我，那上面高悬着同治帝钦赐的"盛世其兴"匾。大人说，这个二堂左右角曾经各站立一顶镶银嵌玉、钿翠描金的大轿子。我环顾了一下四周，没有轿子，却见四根硕大的柱子呈正方形分布，如威严的仪仗。据说，这样的建筑格局僭越了封建规制。当年，与厚丰相距十余里的乐洋村有位富豪，名叫刘元朗，把郑孔时送上了官府讼堂。听说官司打到了京城，后来只好卸下其中两根柱子的柱础，让立柱直接落地。玉井坊所有的立柱都有柱础，二堂这两根是个特例。

从二堂穿过，登上设有垂带、象眼的五级台阶，进入主人接待贵宾的正堂，才能真正体会到这座豪华宅院的气势。正堂面阔五间，进深六柱。堂前檐顶为弓形轩，穿斗结构，檐下走廊外侧设隔架。中堂正屏设庄严神龛，花梨木窗镂

郑氏大厝后堂阁楼 / 李华珍 摄

刻博物等纹饰，龛中供奉郑氏祖宗神位。神龛下横摆一张乌樟丝木条案，常年陈设祭器、供品。条案前是一张金丝楠木八仙桌，散发出柔和的光泽。中堂两旁站立一对比肩大花瓶，一副冰冷的表情让人不敢靠近。大堂左右沿墙壁分别安放五把金丝楠木太师椅，但很少看见有人坐在上面。堂上高悬三方匾额，"贻谋燕翼"是在玉井坊落成时，郑孔时为其父所立，另两方分别是咸丰五年（1855年）和道光十二年（1832年）御赐，内容为"五代同堂"和"操冷冰霜"。可惜这些匾额在"文革"时期被毁，如今所见均为仿制品。

清朝不少有钱人的功名是花钱捐纳的，从玉井坊联额诗词彩绘所传达出来的信息揣摩，不敢说郑孔时一定是正途出身，但他对道德文章的尊崇，没有理由怀疑。这座豪宅的大门处在西南角，门框镶嵌对联，正面外联是"五色凤毛新羽翼，百年龙马旧家声"，朝里的对联是"文章灿星斗，事业振乾坤"。

郑氏大厝后堂立面／李华珍 摄

照壁性质的南墙，重脊戴墙帽，中央榜书"福"字，两旁是对联："坐对贤人语，家藏太史书"。正厝共三层，三楼东西绣楼窗额分别横书"文章华国""诗礼传家"。从这些内容也可以看出主人的崇儒风尚和精神追求，反映了郑氏人家的生活态度。

每一座建筑都承载着一段沉重的历史，玉井坊也不例外。拂开尘埃之后，深入到旧朝子遗殷腐朽的古建筑内里时，就会触探到一个家族荣耀背后的艰辛。玉井坊历经二百多年风雨，荣枯交替，近四五十年以沉默的方式遗存于世间。曾经容下全村人同时开伙的地方，今天仅仅剩下二三户人家居住，因此平添了几分遗世独立的孤独感。但是，这座豪宅也有极具人性温馨和柔美的一面，穿过门厅就是一块半月形庭院，两道舒展的院墙，犹如母亲张开双臂环抱二堂。大小厅堂和走廊地面，由三合土夯筑，土丹施色，至今依然红亮油润，光可鉴人，呈现出顽强的生命力。令人费解的是玉井坊护墙接近大门一端高耸起一座炮楼，冰冷的阴影投在门庭上，如同一块大大的伤疤。那时，社会安定，人们还在享受康乾盛世的余温，为什么要给民居附带盖一座碍眼的炮楼？我仔细观察后发现，炮楼墙基是由大小不一的乱石砌就，与围墙墙基规格划一的菱形石块明显不同，墙体土色也不一样，由此判断，炮楼不是玉井坊主体同时期建筑。

郑孔时有幸生活在康乾盛世的延续期，建造了这座大宅院。随后国力衰败，他的后辈子孙就没有那么幸运了，几代人的生活主调里充斥着大清国的阴霾。郑孔时子孙中取得功名者不多，但在晚清的飘摇风雨中，郑亦泉迈着艰辛的步履走出山村，为祖上赢得了荣誉。他是个颇具才情的人，丙午停科前夕，承蒙福建省学政推举以明经取士，辛亥革命后当选省议会议员。第二年冬天，他因为夫人临产从福州返乡。匪首阿诞探听到这一消息后，限令他五天之内，送三千银元到匪窝。那天深夜，未达到目的的匪徒包围了玉井坊，命郑亦泉如数交钱，否则火烧玉井坊。双方僵持到下半夜，郑亦泉掂量再三，为了保护祖

宗基业，孤身提着灯笼，从玉井坊西侧角门钻出。匪徒高喊：把灯笼举高一点。他依言照办，灯光照亮了一张大义凛然的面孔。谁能料到，当阿诞确认他的身份后，居然扣下冰冷的扳机，郑亦泉被一枪毙命。枪声划破夜的宁静，震惊了整个村庄。与此同时，邻村燃响了喜庆的炮仗，陈府喜添贵子。据传，陈公子是由郑亦泉投胎转世。大门口的炮楼，就是那场血案之后亡羊补牢的产物。

四十多年前的那个雨天，在玉井坊二堂，我们一边听檐雨敲打石板的声音，一边听大人讲述对于我们来说不可思议的故事。讲故事的人又神秘地瞟一眼头顶的匾额说，陈公子三岁时随父亲到亲戚家赴宴，指着堂上的一副对联说某字有误，引起司仪的不快。司仪指责陈父不该利用稚儿之口，让他出丑。陈公子的父亲有口莫辩，只好让儿子当众把大厅上的对联一一诵读。从此，这个神童的名声传遍了尤溪。稍长，陈公子与家人到玉井坊做客，他登上护厝阁楼郑亦泉的书斋玩耍，指着房间对他母亲说，这是他读书的地方，又拽着郑亦泉遗孀的衣襟喊老婆。种种异常表现，让宾主哑然失笑，一时传为美谈。

我没有见过郑亦泉，但读过他留下的诗文，其中一首七言绝句镌刻在县城紫阳公园的文化长廊上。陈公子年轻时是旧政府的职员，参加过尤溪县和平起义，以社会贤达身份参加新中国建设工作，从尤溪一中教师岗位上退休。我拜访这位才子时，他已经七十多岁。

厚丰村原有大型府第十几座，被列入国家级文物保护单位名录的玉井坊，是最豪华、最具有代表性的建筑之一，它们共同见证了一个家族的盛衰和一座村庄的历史。玉井坊走过二百多年的时光，在进入晚景时，云消雨霁，幸逢社会文明进程中最美好的艳阳天，我们有理由看到它再度辉煌。

尤溪大福圳民居

大福圳又名大卜众，位于三明市尤溪县梅仙镇坪寨村上洋自然村，建于清同治、光绪年间，历时16年方落成。由萧良尧、萧良铣、萧良淦三兄弟和侄儿合建。

该民居建筑规模宏大，占地面积9600多平方米，建筑面积7200多平方米，由主座、七列护厝（左三右四）、一座私塾馆、左右壁舍和分布在右前角与两个后角的三座炮楼组成，共有18个大小厅堂，260多个房间，被称为"三堂七栋一书院"。主座四进五开间，中轴线上分布着下堂、中堂、上堂、花台与附屋（36间）。上堂规模最大，五间七柱，前天井分两段，上下高差明显，两侧的厢房也形成递落之势。上堂与天井间作木雕精致的栏杆、花格。护厝全部面向主座开门窗，护厝之间、护厝与主座之间隔以阳沟，阳沟内又特设30厘米宽的沟渠，取水、防火两不误。

该厝以木构承重，抬梁穿斗混合式构架，夯土墙围合，内部以灰板壁分隔空间，粉墙黛瓦，色彩清新淡雅。悬山屋顶三段式，燕尾脊高高起翘，护厝屋顶层层递落，山墙面广设腰檐，高低错落，富有变化。建筑内部木雕、石雕、壁画精美，尤其是其壁画，堪称一绝。壁画主要集中在正立面壶边与山墙面，采用工笔画法，结合诗文，构图饱满，山水景观与人物结合恰到好处，其艺术水平之高、保存之完整省内少见。民居内墙、挡水墙等部位也多以诗文装饰，其内容主要体现主人寄情山水、悠游自在的生活乐趣。

大福圳古民居规模宏伟，耕读、居防一体，结构复杂，装饰精美，是闽中现存规模最大的古民居。2013年被公布为福建省级文物保护单位。

古厝：见证一个家族的发展史

张宗铝

　　大福圳，又名大卜众，位于尤溪县梅仙镇坪寨村上洋自然村。清光绪年间建成，为萧士贶之子萧良尧、萧良铣、萧良淦三兄弟和侄儿合建，房屋占地面积9600多平方米，建筑面积7200多平方米。整座房屋以"三堂七栋一书院"著称，共有18个大小厅堂，260多个房间。2013年，福州大学建筑学院教授李建军在考察大福圳时说："大福圳是除了闽清县宏琳厝以外的福建省第二大单体古民居。"

家族兴起

　　萧士贶，清代尤溪九都坪寨人。其父萧洪梧，尤溪九都本美萧氏第九代孙，于清道光二十三年（1843年）开基于坪寨，在坪寨村洋中自然村土名缠山圳

大福圳书院 / 张宗铝 摄

大福圳正堂／张宗铝 摄

安家立业，取堂号为"聚龙坊"。萧士贶以做买卖为生，生五子，长子萧良嵩、次子萧良炳、三子萧良尧、四子萧良铣、五子萧良淦。

萧士贶去世后，五兄弟和睦共处，过了几年安稳的日子。不料天不假年，老二萧良炳撒手人寰，留下年幼的子女。那时，虽然由老大当家，但经营不善，父亲留下的800担佃租根本不够一个大家庭的开销，老四萧良铣、老五萧良淦刚刚成年，维护家庭的重担自然落在了老三萧良尧的肩上。那时，一大家人只能依靠老三萧良尧贩卖猪仔的收入来贴补家用。空闲时候，萧良尧也为当地木材商艄排到福州。经过几年的打拼，颇有经济头脑的萧良尧终于走上了经商的道路，并在福州台江开了一家"安泰"木材行。

萧良尧乐善好施、行侠仗义。一天傍晚，他信步走在福州的大街小巷上。路过一家饭店门口时，听到店里传来吵骂声。走进去一看，发现店主正在骂一个秀才模样的年轻人，那位年轻人羞愧万分。因为饥饿难耐，年轻人吃了店家的一碗面条而付不起钱。店主一边骂一边动手，还要扒掉年轻人的衣裳，周围看热闹的人也跟着起哄。萧良尧看到后，当即上前掏出铜板，替年轻人付了钱，年轻人感激不尽。言语之间，萧良尧才知道他是外地来福州参加乡试的生员，前天遭人抢劫后身无分文，已经两日粒米未进了，不得已才叫了一碗面条，吃后没钱付给店家而遭羞辱。一阵寒暄之后，萧良尧叫店家重新上了饭菜，两人相言甚欢。酒足饭饱之余，便互相留了联系地址。

那几年，闽江一带水霸横行，口岸不通，大量木材堆积在山场，整个木材市场出现冻结状态。萧良尧虽然在福州经营木材生意，但也是度日维艰。从同治末年（1874年）开始，持续多年不见好转。加上名目繁多的捐税，安泰木材行到了难以为继的地步。

一日，安泰木材行来了一位官员。这位官员就是萧良尧的结拜兄弟——

大福圳二堂/张宗铝 摄

翰林院侍讲、提督、福建学政王锡蕃。王锡蕃就是当年到福州参加乡试遭劫付不起面条钱的年轻书生。几年后，王锡蕃进士及第，到福州为官。刚上任不久，王锡蕃就到安泰木材行寻找恩人萧良尧。当他得知安泰木材行的经营状况后，决定出手相扶。几天后，他又来到安泰木材行，交给萧良尧一封官府文书，对萧良尧说："遇到任何事情，只要将这封文书出示，就没人敢为难你了。"

萧良尧依照王锡蕃之言，与母亲、兄弟商议后，将父亲遗留下来的几罐银元，加上临时从乡亲那里筹集来的款项，收购了尤溪所有囤积的木材。萧良尧又趁木材落价、山场主纷纷转让产权之机，购置了几百亩林地。次年开春，社会稳定，水路畅通，萧良尧收购的木材还没进入位于福州府的尤溪洲码头，就被订购一空。从此，"安泰"也成了光绪初年福州府赫赫有名的商号。在短短的九年间，安泰木材行获利13万两白银。

那时，萧氏五个兄弟人口众多，聚龙坊老屋显得有些拥挤，新建房屋势在必行。兄弟几人讨论一番后，唯独老大萧良嵩独自打算，没有与几个弟弟一起建房。萧良尧和两个弟弟（那时二哥已故）及侄儿一边在福州做生意，一边

大福圳三堂/张宗铝 摄

在尤溪老家开始规划筹建大卜众（俗称"大腹圳"。2010 年 12 月，大卜众古民居在申报尤溪县文物保护单位的时候更名为"大福圳"）。

建筑风格

大福圳古民居规模宏大，由内外院、角楼、工匠厂等组成。内院由主厝和两侧七重护厝以及西护厝前部书院组成。主厝中轴线上依次建有下堂、天井、廊庑、中堂、天井、厢房、上堂、后花台、柴草间（面阔 36 间）。上堂面阔 5 间，进深 7 柱，为单檐悬山顶穿斗式木构架。主、护厝皆为木结构，木雕、彩绘装饰精美。外院由河卵石通道、多级三合土禾坪、小池、东北和西南碉式角楼组成。墙体高 3 米，以河卵石砌做基础底部，上方用生土夯筑，外片墙帽。两座三层碉式角楼相对独立。房屋集居住、防御于一体，是远近闻名、保存较为完好的清代古民居。

大福圳的建筑具有以下几个特征：一是内外有别。全宅分为内外两院，内院为女眷的活动场所，男人不得无故入内。大厅两旁通道的门槛很高，上垂门帘，自家男人入内也必须遵循"未入堂，声先扬"的原则。女眷不能随便出来，日常用品只能由佣人往来传递。二是做工精致。上、中、下三堂大厅柱础皆为大理石，雕刻不同花样的浮雕。在木结构的挑檐挂柱上，都有精细雕刻。在相邻两幢护厝之间的通沟尾处，还有砖料砌筑成的花楌，花楌正反面的雕饰也不尽相同。三是防火功能。在两幢护厝之间的阳沟内又特设 30 厘米宽的沟中沟，俗称"阴沟"。在阳沟中砌筑水池，平时渠水入池。如遇火险，则取出特制的铜质喷筒在池中抽水，喷射扑灭火险。四是防御功能。大福圳全宅用围墙围住，设大门 5 个，小门 6 个。内中回廊曲折复杂，门卡上还装有不同构造的密卡。晚间一旦闭门落卡，陌生人一时是很难开启门户的。房屋周边建有三

个碉式角楼（俗称"炮台"），用来躲避和抗击匪患。角楼墙体用土石夯成，厚度达80厘米。角楼四周布满了斗窗和枪眼，用来观察动静和射击。角楼之间还有相连的铁线，上面装有响铃，哪边有情况可以拉动响铃作为联系暗号，以便及时支援。

前几年，台湾成功大学建筑系教授、博士生等20多人考察大福圳时惊呼："该建筑蕴含中国传统建筑之精华，于奇异中独具特色，于平缓中突显峥嵘，实属中华传统建筑之奇葩！"

劫后重生

大福圳古民居距今有将近150年的历史，一路走来，历经磨难。

清朝末年，大福圳萧氏家族成为尤溪九都数一数二的大户人家。民国时期，军阀割据，社会动荡，大福圳家族的生意一落千丈。他们把福州的资产变卖，撤回尤溪。本地大小黑恶势力也都盯上了大福圳这块"肥肉"。

尤溪主流经过九都的时候，河面逐渐开阔。九都坂双梅（梅仙、梅营）一带人口众多，资源相对贫乏，百姓大多以撑船、艄排为生，收入不多。因为不堪赋税，百姓怨声载道。一次，九都人拒交税款，声称："卢兴邦的船要是敢经过九都，就一竹竿把他敲死！"因此，得罪了时任粤军第一军第三师第五旅第九团团长的卢兴邦，卢兴邦便派兵进行屠杀，扬言要抄平（方言，"踏平"的意思）九都坂。民国七年（1918年）农历十二月初九，卢兴邦派出三个营的兵力火烧双梅。当晚，梅仙、梅营两岸火光冲天，这就是尤溪史上最大的惨案——火烧九都坂。

2017年8月23日，大福圳95岁老人萧光宝在接受采访时说："卢兴邦火烧梅营的时候，银元被挑了3万块去，才把大福圳保住。"

文化遗存

大福圳不仅建筑规模宏大，文化内涵也极其丰富。

大福圳族人不忘萧氏"孝悌力田，和睦宗族；克勤克俭，诗礼传家"的祖训，读书习武，传承文化。据梅仙《萧氏族谱》记载，清朝末年，大福圳有举人1名、秀才4名、太学生1名。相传，武举人萧上信有三把关刀，重量分别为360斤、240斤、180斤，这三把关刀后来成了大福圳的镇宅之宝，可惜在上个世纪60年代的"破四旧"中被毁。

清光绪年间，萧良尧几个兄弟在福州白马桥购置房产，其母田老太太也在福州居住了三年。光绪二十年（1894年）三月，萧氏后人在庆祝田老太太八十寿辰时，福建学政王锡蕃送了一块题写"萱闱锡嘏"的匾额。后来，这块匾额从福州移到尤溪，悬挂在大福圳的正堂。

大福圳屋内木雕、石雕等装饰极其精美，与墙上壁画、诗词相互辉映。下堂正门拱顶镶嵌"风光月霁襟怀"六字横额。书院前厅大门横书"云蒸霞蔚"四个大字。正门外墙的墙楣（檐下）彩绘壁画，以《封神演义》中"姜子牙下山"为题材，采用工笔画法，绘制成画面相连的

大福圳木雕 / 张宗铝 摄

长卷，并用中国画常见的方式穿插诗文。画面构图饱满，栩栩如生。山水景观空灵超脱，人物形象亦道亦仙。整组壁画故事完整、主题突出、内容丰富，为民居壁画所罕见。内墙多以诗文装饰，既有唐宋诗词，也有清代文句。大福圳的彩绘、联额、诗文，与大多数古民居中的"四书五经"内容迥异，更多的是体现主人直抒胸臆的率性和享受生活的乐趣。比如，大门上的对联"一水护田将绿绕，两山排闼送青来"和"竹雨谈诗蕉雪悟画，松风拂尘萝月弹琴"等。

这里，不能不提的是大福圳的私塾园。私塾园又称书院、孔子厅，创办于清光绪十一年（1885年），建筑面积750平方米，专供大福圳家族子弟读书之用。园内窗雕壁画众多。屋檐下伸出的斗拱垂柱，雕刻款式各异，内容丰富多彩，画面栩栩如生。该私塾园一直开办到民国年间。中华人民共和国成立后改为公有自然村学堂，由大队统一安排老师上课。

大福圳古民居，见证了清末尤溪的发展史。目前，除角楼和私塾园的课桌椅、书柜等已毁坏外，大福圳的其他建筑，包括诗词、绘画、雕刻等基本完好。2010年12月，大福圳被列为尤溪县文物保护单位；2013年1月，又被列为福建省文物保护单位。

沙县大水湾陈氏大厝

陈氏大厝又名孝子厝，位于三明市沙县虬江街道茶丰峡大水湾自然村，为乾隆年间"选魁"贡生陈宗诰始建。因陈宗诰对儒学孝义颇有研究而获朝廷嘉奖，获赐立三龙"孝子"石坊。

　　大厝坐西南朝东北，占地面积约 8980 平方米，三落三进，由主座与两条横屋组成。主座四面以青砖匡斗墙围合，后带化胎，前设宽敞的雨坪，雨坪外转折朝东的是牌坊式入口门楼。门楼为晚近重建，但石雕圣旨牌与门框为原构。牌坊前带半月塘。主座中轴线上依次分布着下、中、后三堂，三堂面阔均为九开间，"明三暗九"，每堂均设左、中、右三厅，前后天井也以厢房分隔成三个小天井，每个厅都各自对应天井、厢房组成面阔三间的四合院，从空中往下俯瞰，形成了三条纵向的轴线，中间为主，两侧为次，很好地规避了礼制的约束。两条护厝朝向主座，中间隔以狭长的天井和过水廊，护厝 3—5 间一组，均设有偏厅，是对主座功能很好的补充。

　　下堂穿斗构架，进深八柱，前后出廊。中堂是全宅最重要的礼仪空间，当心三间通敞，进深十八架，中心七架穿斗减柱造，前后各再加两个双步廊，其进深之大，面阔之宽，在闽西北地区甚为罕见。后堂进深七柱，明间高大敞亮，穿斗构架，用料硕大；明间设进屏厅分隔前后堂，为供奉、祭祀祖先之处。后堂通廊后为一排面阔十间的廊屋，作为厨房。

　　大厝的木雕、石雕繁简得当，相得益彰。地板一般用三合土或青方砖对角拼砌。三段式屋顶有变化，八字形、五滴水、官帽形的防火墙造型各异，富有变化。

　　该厝是沙县目前保存最完好、规模最大的清代古民居，2009 年被公布为福建省级文物保护单位。

德星长聚孝子坊

罗 辉

一

有些人和事总是在不经意间闯入视线，却在我们自以为了然于胸的时候意外迭出，盘根错节。在一次次走进沙县陈氏大厝时，这种感觉尤为强烈。

记得首次谋面陈氏大厝时刚过而立之年，那是二十几年前的一个冬日午后，从故乡探望父母路过麦元，见路旁一块简易指示牌上写有"孝子坊"，便与驾车小弟一同前往。那时陈氏大厝还住着不少人家。印象极深的是第一进天井里的石板花台、后天井上方的神龛、门厅正中上方的"选魁"匾额和后侧东头用圆形井沿围绕的古井，当然在记忆深处烙下印痕的当数那敞阔无比的大厅堂，

陈氏大厝孝子坊全景 / 黄长明 摄

253

因为在我过往的经验里，根本不存在比这个厅堂更大的民间建筑。

二

当然，陈氏大厝尤其是孝子坊的存在，以及让我一次次贴近、进入和寻绎的根本理由，并非因占地面积宏大（101 间房）、雕梁画栋精美、建筑风格独特，更在于这座古厝主人陈宗浩的传奇人生及迷离故事。

据族谱载，陈宗浩的祖父士章（文焕）、堂叔公士羽与其父亲天汝、叔叔天河，于1723 年（雍正元年，一说1700 年）从永安贡川移居七都大基（一

陈氏大厝造型美观的"双圆井"左井 / 罗榕华 摄

陈氏大唐三龙孝子石坊／罗榕华 摄

说大基口），陈宗诰（1742—1801年）便出生在七都大基村。从小博览群书的陈宗诰，不仅学习十分刻苦，还能帮助处理家事，邻里亲友都夸奖他是"耕读传家"的好榜样。11岁那年的一天，父亲的好友张昌礼到访在家省亲的陈天汝，发现陈宗诰聪明伶俐，知书达礼，十分喜爱，便请求陈天汝让宗诰去他家帮忙。原来，张昌礼因儿子张载道"没有上运，不通人性"，想让宗诰去帮助"影响影响，提高提高"。陈天汝见朋友认真，便应承了此事。

张昌礼的父亲张永柱在四乡八里绝对是一个传奇人物。传说在康熙年间一个夏天中午，张永柱去南霞赶墟卖盐回家，路经茶坪岭时，有些犯困，于是在蒸饼岩上休息。恍惚间，听到有人讲话，回头一看，只见几位老者在岩上对

弈。他看到粒粒棋子闪闪发光，觉得十分奇怪，便趁老者们不在意，偷了一粒放在箩筐里，待回家打开一看，嗬！箩筐里的杂物全都变成了银子。原来，那几位对弈的老者竟是传说中的"八仙"。当晚仙人来讨要棋子，可张永柱死活不认，仙人只叹了一口气说："随他去罢，反正他用不了多久！"便飘然而去。张永柱自从得了那枚棋子，确实发了。那枚棋子入到粮库，金满仓；放到箱里，银满箱。更离奇的是，在张氏族谱中还记载，宰相李光地因母亲是人家的养女，现养父母家已无人，只知道亲生父亲姓张，家在沙县。康熙十三年（1674年），李光地母亲六十大寿，为确保主桌有母亲外家人上席，李光地寻母外家到了沙县，涌溪、沙县张姓人家均因财力不足无法接待，只有家道殷实的西坑张家盛情款待，昌礼诸兄弟从此成了相舅爷。因了这层说不清道不明的关系，西坑张家祠堂曾得到过康熙帝"沙上金声"的题匾。

张昌礼是张永柱最小的儿子，身上遗传了父亲善经营懂管理的血脉，现在有了官家靠山，张家的生意更加顺风顺水，红红火火，积累日多，良田无数。有人说，只要在西坑头将糠壳倒入溪水中，流水所到之处的田地都是他家的。鼎盛时的张家曾买下过虬城沟通沙溪河南北的太和垅过渡码头，称作"六都西坑"。有了巨额资金积累的张昌礼相中了西坑凤冠这块风水宝地，将三面悬空的土墩全部石砌，建起了一幢三进一门楼、壁垒森严兼具府第及防御功能极像布达拉宫的大厝土堡。张昌礼深知"人无远虑，必有近忧"的道理，他把积攒下的金银珠宝共13缸埋在左中厅尾间的地窖里。钱是有了，可就是无后！一连讨了五个老婆，都没生下一男半女。在他40岁那年，他带着五个老婆一起到七都罗岩庙许愿，祈求菩萨给他一个儿子，哪怕是一个败家子也行。说来也灵，当年腊月，他小老婆果真生了一个儿子，张昌礼欣喜万分，取名张载道。可自从张载道出生后，张家再也没有过上一天安生的日子，小载道经常生病，隔三差五不是请道士就是请医生。随着张载道一天天长大，他最喜欢玩的游戏就是拿银子砸粪桶，看见挑粪桶的人搞得浑身是粪，便开怀大笑，否则就哭哭啼啼。转眼间，张载道长到了14岁，喜欢走偏门左道，就是不爱学习。所以，张昌礼看到陈宗诰与自己的孩子年龄相仿又乖巧懂事，格外欢喜，一心想让他去帮助张载道"改邪归正"。

陈宗诰到张昌礼家后，边读书学习，边帮助张家干杂活，深得张昌礼的信任，与张载道也相处得很好。张昌礼就更加喜爱陈宗诰，写了书信给陈天汝，认陈宗诰做义子，好让载道有个照应。两年后，张昌礼生病一直不见好，自知不久于人世，于是把陈宗诰和张载道叫到跟前，嘱咐他俩要亲如兄弟，凡事多加帮衬。过了三天，张昌礼去世了，陈宗诰以义子礼极尽孝道。七七四十九天后，陈宗诰回到了大基村。而张载道自父亲去世后，更加无人管束，后来染上赌博恶习，开赌庄又不参与管理，致使雇员与赌徒狼狈为奸，搞得银库空空，几乎败光了所有家产。四年后，张载道准备把土堡福房卖掉一部分来维持生活，于是他找到了陈宗诰，表示愿意将福房卖给他。陈宗诰因不忘义父临终嘱咐，以5000两银子买下西坑张家土堡的三分之一（包括左中厅尾间）。陈宗诰迁到西

陈氏大唐选魁匾额 / 黄长明 摄

坑后，更加重视对土堡的打理和保护。后来，张载道在 22 岁早逝。19 岁的陈宗诰在一次打扫整理张家祖宗牌时，发现了一张藏宝图，遂得金银珠宝 13 缸。

三

清乾隆二十六年（1761 年），20 岁的陈宗诰便在八都的万全洋（俗名大水湾）迁移了庭庆村的张家祖坟和驻地人家，将原贴山的洛阳溪大水湾改成环绕门前的河道，按照西坑土堡的样式，盖起了三进九间排列封闭组合砖木结构大宅院（俗称三门庭进大豪宅）。据说大厝坐拥"行山象"形的极佳风水，背靠象山，左边沟兜山如肥硕的青龙，右边琵琶山似横卧的猛虎，镇山与靠山层层叠叠，近处宛如元宝，远处正似笔架，登高环视，前后皆然。房屋历时 13 年建设，于乾隆三十九年（1774 年）主屋修成，陈宗诰从西坑正式迁居大水湾。说来神奇，这一年，陈宗诰考取乡试第一名，时任福建学政户科掌印给事中汪新授予"选魁"牌匾以示嘉奖。

不久，陈天汝病逝任上，陈宗诰亲往福州扶柩而归，在继述堂上设灵堂按制守孝。陈宗诰三年如一日，三餐亲自供饭，皆默候顿饭光景，再恭请母亲出厅用餐。而后，供郭居敬的《二十四孝》于案几，焚香注释，阐发幽微，用于指导实践；又编著《理孝集》，从道德伦理上用力，构建孝道文化。当时知县听闻此事，亲往陈家大宅院索看两书，给予首肯，将两本著作定为县儒学及各乡里社学、学堂的必修教材，并逐层上报朝廷，被列为《四库全书》备版。陈宗诰在家中办起私塾，亲自教乡里子弟读书，《释二十四孝》《理孝集》作为必读书籍。陈氏大厝一时成为沙邑孝道传播中心，陈宗诰也因此被封为"儒学正堂"。只可惜两本著作已在人间湮灭。

在孝子坊，我还听闻了陈宗诰早在张载道在世时就已发现张昌礼藏宝之所，而且只买下藏宝的那一间，并利用出售酿酒作掩护，将财宝偷偷运出的传说。当然，也有人认为，陈宗诰由于意外得财心有亏欠，才一心向善耽于伦理研究的。但陈宗诰在用"意外之财"兴建大水湾大厝时，只是将西坑土堡的格局稍加放大些，可见其对土堡对西坑对义父的情感和不舍，因此让我对陈宗诰所获"意外之财"为"不义之财"的提法颇感存疑。我想，该是陈宗诰温柔敦厚的人品、极尽孝道的行为，赢得了张昌礼的特别喜爱，才将那财富用一种特殊的方式暗暗传给他的吧。

四

然而，陈宗诰德泽乡里、孝行模范的事迹，毕竟赢得了乡亲们的认可和尊崇。清嘉庆六年（1801 年），陈宗诰去世，八都不少乡亲参加葬礼。在陈宗诰的熏陶影响下，其五子俱行孝道，尊老敬长多行善举。清道光九年（1829年），在陈宗诰三子陈维信申请下，陈家大宅得到闽浙总督孙尔准题写的"大夫第"牌匾。也是在这一年，陈宗诰夫人去世，五个儿子、媳妇及众孙披麻戴孝，乡人亦来上香，据说天亦为之落泪，居然大雨三日不绝，洛阳溪水上涨，两岸庄稼将被淹没。陈家的五个孩子大惊，忙出门外跪告天地："失母我等俱悲，感谢上天垂怜。若上天落泪过多而殃及乡亲父老，则侪辈罪莫大焉！"果然孝感动天，一时云开雨霁，红日高照。此事传至县衙，知县亦以为奇，立刻上报州省直达天听，道光帝亦为之动容，特赐"孝子"二字以示表彰。闽浙总督孙尔准、福建巡抚韩克均等16位官员为彰显陈氏满门几代孝道，联名特赠三龙"孝子"青色石碑一块，以示奉旨旌表。陈维信在房外大坪东北角筑起外大门，门上嵌进"孝子"石碑，两旁辅以手持朝笏的官员石雕以兆家道昌盛、官运亨通。

五

　　即将告别孝子坊，离开陈氏大厝时，我特意走到左后山看了一眼炮台（土制堡垒），看了一眼大厅上"半壁宫花春宴罢，满床牙笏早朝归"的堂联，看了一眼牌坊上御赐的"孝子"，还有围墙大门矿物质颜料书写的"德星长聚"，不禁感叹岁月不居，沧海桑田。

　　我知道，历经240余年尚未褪色的"德星长聚"的门额字迹毕竟不能永存，我祈祷，充满孝道的德星长聚不灭。

陈氏大厝门楼／江本健 摄

三元龙安骑尉第

骑蔚第又名凝秀堂，位于三明市三元区莘口镇龙安村，李氏元堡公和增鳌公父子建于清乾隆年间，后增鳌公之孙盛行公因征剿土匪战死，朝廷为表彰其功绩，封其祖房凝秀堂为"龙安骑尉第"。

骑尉第依山而建，坐北朝南，三进五开间带横屋，建筑面积2000余平方米，有大小房间40余间，中轴线上依次分布着倒座、前堂与正堂，门楼开在前院西侧面。各进厅堂依山势坐落在不同的等高线上，由南往北步步高升。正堂明间一层，次间与梢间带二层阁楼；中间三间前廊出卷棚轩，一对檐柱被减掉，坐落在通长三间的杠梁上，使得厅堂空间异常宽敞明亮。正堂次间与梢间之间设通廊，与后廊连成一个"U"形通道，成为有别于中轴礼仪空间的第二条流线，供内眷活动。

建筑土木结构，以穿斗式构架承重，灰板壁围合空间，粉墙黛瓦，清新淡雅；悬山大屋顶带披檐，屋顶层次丰富。木雕精美，门窗、挂落、雀替、横批等部位以镂雕为主，辅以浮雕，线条细腻流畅，造型生动逼真。

建筑外以高2米左右的青砖匡斗墙围合，三间三屋顶的砖石牌楼门门额朱书"凝秀"两字，上部浮雕琴棋书画，屋顶曲线柔美，以二跳砖雕斗拱承托出檐，秀气朴实，加上桂花树、远山的映衬，几可入画。

龙安骑尉第因地制宜，做工精巧，是山地民居建筑的典型，2013年被公布为福建省级文物保护单位。

深山藏古厝

刘晓迎

　　龙安村现为三明市三元区莘口镇龙泉行政村的一个自然村，元朝年间李氏顺四公建村开基，至今已有 750 多年的历史了。

　　更久远的历史应追溯到唐贞观十一年（637 年）。这一年，唐太宗李世民亲封其二十弟李元祥为闽越江王，这标志着皇家李姓元祥支脉进入闽地，拉开了李姓族人在福建三明境内的开发史。李元祥也是龙安村李姓族人的入闽始祖。

　　龙安村《龙安李氏家谱》载："吾族自江王元祥公入闽，至七世，尚昊

骑尉第天井与厅堂/刘冬春 摄

263

公始迁皇历。又越九世，其洪公迁双峰，其洪公之小三公迁洋畲。又越八世，顺四公迁龙安，总计历世二十有五。"意思是，李氏顺四公乃李元祥的二十五世孙。当初顺四公为何选择这里建村开基，今人不好揣度，但这里的地貌、风景、崇德堂祖祠等却又告诉了我们许多，如山峰起名"龙天岩"，地势为"芙蓉开帐"，来龙为"奔龙过脉"，祖祠为"灯盏形"，其"灯""丁"谐音，意为龙天岩发祖，所以取名"龙湾"。这是否暗喻着皇家李姓天下，本为"龙"的天子传人，其"芙蓉开帐"也好，还是"奔龙过脉"也好，潜意识中都认为自己是天子一脉后裔，故选择龙脉之地安居，有利于龙子龙孙发展，以"龙"来命名便是理所当然了。

徜徉在片石垒砌弯弯曲曲的村道上，有一手好书法的村民李宗近告诉笔

骑尉第脊檩镏金雕花 / 刘冬春 摄

骑尉第匾额 / 刘冬春 摄

者，古老的村子里流传着许多故事，如"枫树神王""仙人赶石""财气回归""泗洲会观音"等。待看了《李氏族谱》后方才知晓，此村不简单，有故事，有传承，其李氏家训十二则，不仅涉及敬祖宗、孝父母、和兄弟、睦宗族等大项，还有勤读书、务本业、慎婚姻、尚勤俭等要求，更有着输国课、息争讼、珍谱牒等社会责任及和谐共处等要求。可以说，现代社会许多公共道德要求，宗族家训规则中已有具体要求了。

龙安村的祖祠叫崇德堂，始建于明景泰三年（1452年），其灯盏式的造型，意为避风防火，前坪面对笔架山，是个出人才的宝地。几百年间，虽说大官没出几个，但也出过正五品骑尉，明清间贡元、秀才、监生等层出不穷，在永安地界被戏称为"小小永安县，大大龙安府。县官不来拜，抓去打屁股"。

说起龙安村的民居建筑，也十分有特色，有人说这建筑是山区中的"布

达拉宫"，整个村庄十分雄伟壮观，白墙黑瓦，既有常见的土墙屋、桩凿屋，还有众多的跑马屋，甚至还有一座土堡屋。

龙安村民居建筑中最具特色的，还得数骑尉第和瑞光堂。

骑尉第又名凝秀堂，占地面积 2000 多平方米，是个小型的殿堂式建筑。由门牌楼、前坪、一进、天井、厢房、二进等组成。一进、二进面阔五间，进深五柱，正堂檐廊不设廊柱，因此显得正堂开阔不少，神龛、牌匾在明亮的光线下显得神采奕奕，夺人眼球。这是龙安村最高官员五品骑尉的房子，占地面积不大却精巧雅致，无论是门楼、柱础，还是厢窗、大梁，其精雕的构件栩栩如生，巧夺天工。

瑞光堂建筑，占地约 3000 平方米，是一座前方后圆合院式土堡建筑。说它土堡式，实为土堡后期发展的变形，即防御能力减弱，无碉楼无枪眼，但居住舒适度、私密性增强。殿堂式一进、二进面阔五间，进深六柱，中间天井，

骑尉第厅堂／李华珍 摄

骑尉第门楼/李华珍 摄

两旁厢房，前檐廊顶为卷棚式。整屋穿斗与抬梁混合结构，悬山顶。

说起殿堂式建筑，其实在三明地域很普遍，是以南北子午线为中轴，建二厅（堂）或三厅，以二厅为多。前厅称为"下廊"，正厅称为"上厅"。正厅后还有后厅，称为"堂前"。三厅者，为前、中、上三厅。厅为一层者，厅两边为次间、梢间，为二层，高度与厅相同。前厅与中厅之间、中厅与上厅之间为天井，天井两侧为厢房，整体布局呈方形，为主屋。主屋两侧再建横屋，横屋与主屋的两头平齐，房门均朝向主屋。横屋与主屋之间留有回廊，俗称"马槽"。横屋以若干个"花厅"分成若干生活小区，供子女分用。龙安村民居总的特点，规模小，结构简单，整体呈方形，横屋比主屋、后楼低。

龙安村民居建筑最多的是跑马楼，部分为封火屋。跑马楼是南迁人适应山区生活、克服复杂地形、解决多雨潮湿环境、灵活多样建造房屋的典范。其建筑形式多样，常见的有一字形、曲尺形、凹形和回字形等；层高一般为两层，一层设为厅堂、厨房、杂物间及畜厩、厕所，二层为卧室、仓库等；因其具有

崎尉第下堂穿斗构架 / 李华珍 摄

"干栏式"干爽、防洪、通风、避潮等特点，又有对方形土楼简化开放后简单易建、省工省料的实用，故受到南迁后裔三明人的青睐，在三明各地均可见到这样的身影。龙安村的跑马楼具有楼层高、形体大的特色，加上处于高坡上，确实让人惊艳。

木结构建筑最大的缺点是怕火。而龙安村封火屋的出现也是源于防火，为砖木结构，屋左右两侧采用青砖砌成，其墙体高出瓦面约三尺左右，分成若干段阶梯。所谓砖墙，并非实砖体，只是用砖砌墙面，墙内全是天然的砂石，其砌法有两种，一种是砌"斗方砖"，即一道平砖一道侧立砖，平砖伸入墙体，侧立砖面朝外，首尾相间，构成墙面；一种是砌"骑缝砖"，砖块全取侧立式，一块砖面朝外，一块伸入墙体，上下前后的砖缝交错，其横截面组成首尾相接的"T"字花格，内空均以砂石填充。

在龙安村，您可以见到各式封火屋。

龙安，那高峻的山峰、葱郁的森林、满山的竹林、清新的空气、阶梯式的梯田、淳朴热情的笑脸，让人久久不能忘怀。

永安沧海龙德堂

龙德堂位于三明市永安市青水畲族乡的畲族村——沧海村，是2013年被公布为福建省级文物保护单位的沧海畲族建筑群的重要代表。

龙德堂踞于龙形山上，坐东朝西，始建于清嘉庆元年（1796年），由钟成辉所建。占地面积587平方米，二进五开间带双护厝，中轴线上依次为带院墙的独立式门楼、前坪、下堂、上堂与化胎。大门开在门楼中柱的位置，三间八字式，前檐柱减柱成垂花柱，据说宅主人曾有过五品功名才有此形制；八字墙面上开两个被称为"虎眼"的圆窗，窗内木雕狮子、麒麟，以趋吉避凶。下堂面阔五间，进深五柱，中间三间打通，采用穿斗减柱造，空间宽敞。上堂是全宅最重要的空间，作为会客、议事、祭祀、婚嫁、对歌等场所，面阔五间，进深八柱；梢间与外墙之间设子孙弄，前接两厢后面的廊道，形成了"∩"形的第二条交通流线，主要供家中的女眷通行，避免与中轴线上的礼仪空间交叉。护厝朝向主座，前为东西向花厅，作为习文厅，后为厨房。

龙德堂主座屋顶三段式，鹊尾脊高高起翘，悬山带披檐的屋顶层次丰富；独立式的外围墙低矮，建筑墙体以灰板壁为主，粉墙黛瓦原木色，清新淡雅。宅内木雕装饰最为出彩。上下堂与门楼的脊檩（也称为花檩）底部开光，其中高浮雕、镂雕花草鸟兽，构图或舒朗，或繁密，造型立体，并施彩画甚至镏金，十分精美。当地畲民相信花檩可以给主家留住财气，带来好运，故不惜重金打造。

1934年，中国工农红军北上抗日先遣队曾驻扎于此，是重要的红色革命遗址。

链　接：

永安沧海畲族建筑，省级文物保护单位，是闽中畲族乡土建筑的典型代表。由化龙桥、龙德堂、龙长坊、龙昌坊组成。化龙桥为始建于清乾隆年间的木构伸臂梁廊桥，龙德堂、龙长坊、龙昌坊均为清晚期二堂二横式民居。

沧海古建，畲乡奇葩

陈凯升　陈毅翔

乍一听"沧海"二字，人们自然就会想到唐代著名诗人元稹七言绝句中，那句脍炙人口的"曾经沧海难为水，除却巫山不是云"的诗句来。然而，当你了解了青水以后，方知此"沧海"，非彼"沧海"也！

仲春时节，肩扛任务，带着好奇，邀约好友，驱车专程到青水畲族乡沧海村实地采风。

车，从燕城往南向东挺进，行程49公里，颠簸摇晃了95分钟，终于到

醉美沧海 / 罗联永 摄

达目的地。

下得车来，故旧好友老钟早在村口等候多时了。寒暄过后，老钟就直入主题地给我们介绍了青水畲族乡沧海畲族村的概况。他掩饰不住心中的喜悦，手指村部墙上挂着的铜牌，笑盈盈地说，沧海村已经在国家民委评出的首批340个"中国少数民族特色村寨"命名挂牌名录里了。

这倒真是个好消息啊，因为要被国家民委评上是要有许多硬件条件的啊！据我了解，少数民族特色村寨的评选工作，是由国家民委、财政部联合开展的。此次入选的少数民族特色村寨，大都是民居特色突出、产业支撑有力、民族文化浓郁、人居环境优美、民族关系和谐的少数民族特色村寨。故在日前国家民委发布《关于命名首批中国少数民族特色村寨的通知》，全国共有340个村寨被命名为首批"中国少数民族特色村寨"，全省有10个村寨入选，沧海村是三明地区唯——一个入选的村寨。

眼前的沧海，是一个神奇、美丽的少数民族特色村。而真正吸引我的，却是该地那些构造精美的古民居建筑群落！

龙德堂挡水墙彩绘／刘冬春 摄

著名建筑评论家、清华大学教授曾昭奋说："任何地方建筑都具有文化地域性，即一个民族的历史、文化背景以及地域特征等在群体或者个体建筑空间方面的反映。"

地域文化由内核

文化与外缘文化构成。内核文化是一种文化长期以来形成的本质的东西，是古老纯粹、发育完善和自生根的文化；它是深层次的精神文化，最具民族性。外缘文化是新形成的文化，它是年轻的、非纯种的、发育不完善和非自生根的文化，是浅层的、活跃的，富有时代性。内核文化具有强大的持续传延能力，这些遗留在青水畲族乡沧海畲族村的建筑风格，向世人展现了畲乡的地域文化。

龙德堂坐斗木雕 / 刘冬春 摄

据载，沧海畲族村历史比较悠久，早期住有田、孔、杨、蔡四大姓，后杨家大发，就想方设法进行改溪，由此"溪变田、田变溪"，成为沧海之势，故取名"沧海"。自此，沧海有"十里澄江下，一碧武夷水"之誉。现居住在沧海的畲族钟姓是于清乾隆二十年（1755年）由青水汀海圆安坂和际头城楼厝两村开枝来沧海积庆祠居住的，至今已经二百多年。具有悠久历史的沧海村民风淳朴，是民俗文化相对集中的地方，畲乡早期的民俗文化、山歌文化、饮食文化、古建筑文化等在这里得以较好的保存。

古代人在构屋选址和朝向上都是通过天文、地理、气候、水文、生态、景观来确定的，它强调"天人感应""天人合一"。沧海村也不例外，也就是说，沧海畲族村古建筑来源于地域的文化和自然条件，因此从布局和形式上与其他传统建筑有明显的区别。畲族人在建筑风格上，融入了更多的本土元素，大多以青灰色坡屋顶、白墙为主基调，而在门窗、栏杆、檐口等细部的色调会稍微深些，但整体还是凸显简洁、淡雅、明快；在设计上利用传统的手法，像砖雕、木雕、洞门景窗、镶拼壁画等，使室内景观琳琅满目，美不胜收。如建于清道光四年（1824 年）的龙长坊，其地理位置系坐东朝西向，建筑面积 690 平方米，是由半月池、木制门楼、围墙、空坪、下堂、天井、厢房、正堂、护厝、漏窗组成合院式建筑。地面均为三合土夯制。漏窗是一种满格的装饰性透空窗，俗称花墙洞、花窗。沧海的漏窗，外圆内方。圆者如水，圆融通达而利万物；方者如峰，立天地之间，胸怀四海且气度恢宏；沧海人兼收并蓄、处世修身莫不出于此。

再如龙昌坊，建于清道光二十八年（1848 年），坐东朝西，建筑面积

龙德堂小门楼／罗联永 摄

667.7平方米。房屋由木制门楼、围墙、空坪、下堂、厢房、天井、上堂、中堂、化胎、护厝、围屋组成合院式建筑。为了表现家族的富有，光宗耀祖，龙昌坊运用木雕的装饰艺术，在堂中的梁、斗拱、雀替上，都精雕细刻着灵兽、花鸟、瓜果等图案，个个造型生动，形象传神，栩栩如生，确实是令人叹为观止。难怪郭沫若先生会发出如此感叹："天工人可代，人工天不如，果然造世界，胜读十年书！"同行的老钟站在中堂大厅告诉我们说，在男尊女卑的封建社会里，女子是不能从中门走过的，只能从侧门进入厅堂，其他身份卑微的下人也是一样。但是有一种情况女子可以光明正大地走正门，那就是当此女子手抱男婴的时候，就可以光明正大地走正门。

　　建于清代的龙德堂，坐东朝西，占地面积587平方米。由木制门楼、耳墙、

围墙、空坪、天井、厢房、正堂、化胎、护厝组成合院式建筑。镬耳墙，又名锅耳墙，因其形状与菜锅的手柄相似得名。民间流传一种说法：修锅耳墙可以保佑子孙当官，蕴涵富贵吉祥丰衣足食。锅耳墙后又称为"鳌头"，有"独占鳌头"的寓意。它可以起到防火的作用，还能够遮阳而使屋面减少日晒，大大丰富了建筑的侧立面。

在沧海村细细品味了一整天，对沧海村的古村落建筑群的特征稍加归纳：一、务实性，这是沧海古村落建筑群的本质所在，就是以真实为主。二、兼容性，一切精华为我所用，这是沧海村古村落建筑群博采众家之长丰富自己的做法。三、世俗性，这是沧海村古村落建筑群注意民间建筑大众化思想的表现。四、传承性，这是沧海村建筑的主要特色和根本。

古建筑，是一个民族凝固的历史，没有历史便没有了民族赖以存在的根。这是沧海村人的记忆，也是沧海村有更多具有文化象征符号的精品，外来人到此，能够有更多的追思和遐想，享受更为舒适的户外生活。这些或清秀或飘逸或典雅的古典小品，无不展现了沧海建筑独特的神韵和艺术内涵。这不仅保持了沧海村文化的基本特色，而且与色彩缤纷、生机盎然的自然景观相映生辉。这些独特的畲乡少数民族特色村寨建筑，是中国建筑之林中的又一奇葩！

长汀三洲戴氏民居

戴氏民居位于龙岩市长汀县三洲镇三洲村城墙坎下，建于清道光年间，为戴长龄经商致富后所建的第二栋住宅。2013年被公布为福建省级文物保护单位。

　　该宅为三堂一横式平面，下堂、中堂与后楼均面阔三开间。中堂是全宅中心，明间面阔较大，穿斗减柱造，前金柱被移到靠近次间金柱的位置，两柱间做狭小的漏窗。对应的檐柱也被减为垂花柱，与厢房檐檩相交，这种移柱的构架处理方式既营造了宽敞的厅堂空间，又可以减少对用料的要求。中堂次间做二层阁楼，面向前后廊做镂空的横批窗，解决了采光、通风问题，又增加了立面的变化。后楼二层，背立面沿街，做进深一间的两层骑楼，二层立面用连续券装饰，栏板则用砖拼砌"福、寿、喜"等汉字，面上抹白灰，带有中西合璧特色。横屋二层，天井中做过水楼与主座相连，面向天井处出廊，栏板木雕拼汉字。

　　梁架的双步穿枋做成月梁状，单步穿枋则做成"猫伏"状，端部及其下的雀替镂雕花草或螭虎，与厚重的承重构件形成鲜明对比。中堂雀替镂雕的"凤舞牡丹""鱼龙吐瑞草"等图案尤其精细；前廊单步梁上的童柱被镂雕成枝繁叶茂的博古花篮；廊前一对垂花柱雕刻细密。支摘窗、槛窗、横批、漏窗等花窗构图巧妙，将"喜、寿、福"等字嵌入其中，甚至还嵌入"宜交尽鸿儒，丰待无白丁"等对联。

　　该宅大门上嵌墙做一个三山迭落的灰塑门罩，中额书"聊可自娱"，简洁大气。四面以青砖匣斗墙围合，一字三山迭落、人字形、观音兜式的山墙，增加了立面的变化。

老屋哩

戴春兰

老屋哩其实有更响亮的名号，叫"聊可自娱"居。提到长汀三洲，就必然提到镇内规模宏大的古建筑群，也就必然绕不过其中最为著名的"聊可自娱"民居。然而，在所有戴氏长龄公子孙心目中，它就是实实在在的老屋哩，轻声一唤，客家话软糯的尾音在心上一颤，一扇沉重的木门吱吱哑哑地打开，原木清香混合着青苔气息訇然扑面而来……

其实，我爷爷辈已经搬出老屋哩，在近旁另起新屋，但老屋哩就像自小时时亲昵的奶娘，从蹒跚学步开始，便承载了我最温暖的记忆。我们呼啸着在老屋里面追赶打闹，银铃般的笑声悬挂在飞檐上滴溜溜打转，点亮了每个平凡

戴氏民居正立面／李华珍 摄

279

戴氏民居马头墙 / 李华珍 摄

的日子。在幼小的眼睛看来，老屋哩三落二进的院落，十多个房间，500多平方米，简直宽大得无边，可以让我们这些小鱼横冲直撞撒欢。木门开开合合，后面都可能藏着秘密与惊喜，每每兴奋得尖叫不已。也不免磕了碰了，也不免争了吵了，孩子们都是猫儿脸，转眼又黏糊得如胶似漆，自然也没哪位大人当真，为孩子吵闹斗气的。

老屋哩分正栋上厅、下厅、横屋和后骑楼，杂居着三四家人，记得是矮哥、八嫂、毛毛几家。随处摆放着农具、各式木制家具、风车柴草，甚至牛栏、猪圈、鸡窝。因了客家人特有的勤劳，每家虽不轩敞，但也归置得整齐有序，门窗也绝少虫吃鼠咬的痕迹。大家心中自有分界，不当心越了界时，必再三歉然，不久必归回原处——家和万事兴，客家人最懂群居的相处之道。

平日里，呵斥孩子声、鸡鸣狗叫声、做饭炒菜声，充斥了老屋哩的每个角落，把老屋哩的每个日子渲染得活色生香。哪一家做了新鲜的粄子，哪一家婆媳又拌了嘴，哪怕只是谁家买了一斤肉，在老屋哩都明明白白地写着，供人们茶余饭后品读。

坐北朝南，老屋哩最是通透通风。门前甬道有几块很大的黄蜡石，任人坐着趴着，四周的风呜呜地吹，炎夏里也很快便带你进入甜美的梦乡。冬日，我最爱靠着老屋哩的封火墙，听晒太阳的老人们讲古，讲七仙女配董永，讲老虎报恩送财，也讲戴家的田头、黄家的地尾，声音始终高亢响亮，简直就是地方新闻台。阳光一寸一寸地抚摸过浑厚的青砖，那温暖和细腻至今触手可及。

　　上学了，识字了，当教师的父亲便牵着我的手带着几个同龄的孩子，来到老屋哩里，对着门楣问上面行云流水般的字。我们磕磕巴巴地念"出自和可"。父亲宽厚地笑着从右边指到左边，教我们一个字一个字地念"聊可自娱"。见我们满脸疑惑，父亲又讲道：我们的太公长龄公没有做过官，多少识得字，凭着帮人赶牛放马，存了本钱后做生意，一点一点积攒起来发家，挣到钱后，在三洲老家建了两三栋房子传世，以老屋哩规模最大。"你们要记得，"父亲的眼神变得很是庄重，"'聊可自娱'这四个字出自最早的诗集《诗经》'聊可与娱'。太公主张耕读传家，只有耕种、只有读书才可自娱可传世，而不要太把名利放在心上。"

戴氏民居卷棚木雕 / 李华珍 摄

那天下午，阳光倾斜而下，门前的鹅卵石小径熠熠生光，高达三层楼高的老屋哩矗立在碎金般的阳光里，历经数百年风雨丝毫不欹斜颓塌。我脑子里恍然出现这样的场

景：在那久远又落后的年代，我的祖先请来的工匠们正热火朝天地工作，石匠们一层石灰一层青砖一丝不苟地一路沿线砌来，木匠们在从深山中逶迤而来的巨木上一笔一画地凿、刻、刨、雕，小工们抬着大理石条抬着沙子整齐地喊着号子，那汗

戴氏民居双喜漏窗 / 李华珍 摄

水汨汨而下，渗入地里砖里木头里嘤嘤作响……

我仿佛一下子长大了，第一次严肃认真地来参观老屋哩。黑瓦，青砖，高高翘起的兽角飞檐，屋檐下雕刻着兰草蔓延。跨过石条门槛，踏进青石板地面，便是正栋，分成上、下厅，上厅的正面也和其他宗祠一样供奉着太公太婆的绣像。中间留有天井，种植着一排建兰，花开时别样馨香幽远。四角是一抱有余的厅柱，两边各有两个房间，门窗都是木结构，精雕细刻着兰草人物、凤舞牡丹、鳌鱼吐瑞等纹样，栩栩如生，显见功力不俗。

我更喜欢到横屋。儿时的好友秀，也就是毛毛的大女儿便住在这里。这里少了正栋的凝重，更多了些闺阁的秀气。

从大门旁的角门进来，左厨房，右房间，往前是客厅饭厅，正对着天井，种植桂子铁树，边上有条甬道跟正栋相连。最妙的是天井两边各做了一排木制美人靠，供人休憩小坐。

我曾和秀无数次在桂子花香中坐着读书闲谈，消磨过许多年少时光。抬头，便可看见二楼楼板上雕刻着奇形怪状的纹饰，有圆有方，非兰非草，很令人费解。我们仰头研究许久，突然在某天灵光乍现：那繁复的花纹里镶嵌着一个个美丽的字呀！看，左边一上一下刻着"高朋"，右边刻着"满座"，多么巧妙绝伦！多么不可思议！

我们一发不可收拾，又在大厅头顶两侧窗扇上发现了"宜交尽鸿儒，丰待无白丁""居家惟勤俭，处世在读耕"等对联字样。那个下午，我们解读出老屋哩深藏的秘密，小小的心几乎骄傲得马上要迸裂！我们一口气爬上二楼，坐在后骑楼的阳台上，这是我们的"眺楼"，在这里，几乎大半个三洲都能尽收眼底。我们又很幸福地认出楼檐下"福、禄、寿、喜"的石灰字样。金色的余晖中，远近都慢慢沉静下来，我惊奇地发现，苍茫的暮色中，有一位鹤颜白发的老人慈蔼地微笑着，喃喃诉说着内心的希冀……

后来，我家迁往县城，难得回乡，却见老屋哩渐渐破败。眺楼下堆放了各家柴草，某次失火，

戴氏民居雕花雀替 / 李华珍 摄

戴氏民居插梁减柱造 / 李华珍 摄

幸得及时扑灭，楼板残缺，墙面熏黑。八嫂逝去，毛毛外迁，秀也嫁到外地，昔日的热闹似已被风吹雨打去。

近几年，三洲随着个大味美的杨梅声名鹊起，国家湿地公园里荷香四溢，来采摘杨梅，来赏花休闲，小镇整日里车水马龙热闹非凡。我欣喜地看到，老屋哩也悄悄发生了改变——眺楼重新修复如初，墙面洁白，柴草被清理干净。屋里屋外残破处都被小心翼翼地用石灰用木板照原样补缺补漏，是不动声色地修旧如旧，老屋哩就像被洗了脸梳过妆，却未涂脂抹粉，自然得体，雍容大方。

唯一坚守在老屋哩的只有矮哥和一条狗，那狗肚子不小，滋润得油光水滑。矮哥得意地说，他很忙啊，要巡查检修老屋哩，要给前来参观的人解说带路，还要到处奔走，要上面多给钱给人来照管老屋哩。"就在前不久，中央电视台节目组到老屋哩来拍客家菜的制作，就在这里，"矮哥站在下厅天井边很神气地比画，"架起柴草大灶，又煎又炒，做了白斩河田鸡，做了猪肚包狗子，那个香哟——"他咂吧着嘴，似乎还回味无穷。

"妹子，老屋哩是我们的根哩！"矮哥拍拍我的肩膀叮嘱道。我重重地点头，心下已了然：老屋哩就是一棵枝繁叶茂的大树，我们无论走多远，子孙无论生发多少，只要有老屋哩在，只要有故乡在，梦里笑里都会背负青天飞越万水千山归依过来！

长汀馆前沈宅

馆前沈宅位于龙岩市长汀县馆前镇沈坊坪埔村，为沈氏太公显仁公建于清嘉庆年间，2009年被公布为福建省级文物保护单位。

该宅坐落于云霄山脉脚下，坐西北朝东南，占地面积约2200平方米，是三堂四横式的客家九厅十八井民居。中轴线上依次分布着外门楼、雨坪、前堂（带内门楼）、中堂和后楼。两个门楼均为四柱三间三屋顶迭落的砖构牌楼式，构造简洁大方，门额分别镌刻"轩高岫远"和"云峰萃秀"。

主座前堂、中堂均面阔五间。前厅明间插梁减柱造，仅在后金柱的位置设四扇插屏门阻隔视线，空间通敞；两侧梢间被砖墙完全隔开。中堂明间大，次间很小，明间增加两个插梁减柱的缝架，前金柱落在大额枋上，前檐柱也落在厢房的额枋（杠梁）上，与两侧通廊围合出了一个宽敞无柱的空间。天井被隔墙分为三部分，两侧小天井与厅堂梢间对应，组成小院子；中间大天井与当心三间对应，是为礼仪空间，主次分明。后天井中间设四柱三间牌楼式照墙，将中堂与后楼分开，两侧开拱门，照墙内外匾额书写"居仁由义""和气致祥"。

主座以青砖匡斗墙围合，与横屋之间用约三米宽的巷道完全隔开。巷道外的两条内横实际上是高耸的、一字迭落的青砖匡斗墙，它们与外横屋组合出八个相对独立的东西向的小三合院，每个院中有独立的偏厅、天井与卧室等。整个空间布局像是大合院中套着小合院，小合院又包围着大合院，中轴为礼仪与公共活动空间，横屋为居家空间。这种空间格局与其他县市的九厅十八井民居大不相同。最盛时，全村二三百人都住在里面，里面还设有水井、学堂、武馆、酒楼等，功能齐全。

沈宅的细部装饰简洁大方，插梁多为圆作，穿斗的构件为扁作，一般仅在梁枋的两端雕刻花草。门窗及屏风的槅心镂雕相对讲究。走廊两旁的墙壁上还保留着著名画家黄慎先生题写的"行乎天理，尽其自然"金字匾联和一些壁画。

链　接：

九厅十八井民居，是闽西、赣南客家聚族而居的大型民居的典型形制，九和十八不是具体所指，只是意味着民居中厅堂和天井的数量多，而且天井多于厅堂，采光通风良好。

神秘的九厅十八井

詹鄞森　黎寿钦

一个人，是有他的命运的。一座房屋，同样也有它的命运。这命运，见证时代的变迁，世事的兴衰。

作为知青，上世纪 70 年代，我进入了长汀馆前，在这座沈宅住了一年。

一晃 40 年过去，我后来几次回访这里。这座 200 多年历史的沈家大院重新崭露头角，2009 年被列为省级文物保护单位。2012 年，坪埔村被国家列入第一批"中国传统古村落"名录。

坪埔村在长汀馆前镇东北部，武夷山脉的云霄山下，与三明宁化县治平、曹坊毗邻，距集镇 6 公里。村子周边森林茂密，田园风光秀丽，有山林 2.1 万亩，竹山 6000 亩。海拔 1170 米的云霄山为长汀第二高山，地势险峻，一条古驿道

馆前沈宅立面／修松 摄

穿村而过，沿云霄山盘桓而上，打通汀州府和宁化、清流，半山腰有座古寺，山下即为闻名遐迩的沈家大院。

九厅十八井神奇在哪里？

在长汀，号称"九厅十八井"的古建筑，何止一处，为何这沈家大院就特别出名？

它坐落在云霄山脉脚下，坐西北朝东南，布局为门楼前厅、中厅、后厅及两厢，共有9个厅堂18个天井，故称"九厅十八井"。两边厢房与大小厅堂曲径通幽，厢房旁各有一口水井，水源清冽可口。每个厅堂、天井别具一格，壁画、花窗、屏风等风格奇异，令人叹为观止。

三进大厅层层递进，两侧有露天走廊和偏房，左右对称，布局严谨。整座沈宅砖木结构，可容纳几十户居住。中心合院是大屋的核心，是整个家族祭

馆前沈宅外门楼／修松 摄

馆前沈宅内门楼/修松 摄

祖、宴请、举办婚丧大事的场所。两边有多间生活用房，后厅是楼房，除底层中间厅堂外，也是生活用房，布置多间卧室，与其他地方的九厅十八井住宅有明显差别。

中心合院左右两边是横屋，合院与横屋之间用巷道完全隔开，巷道为露天，实际上整座建筑已分为三座独立体，既划区分居，又可防火。由中心合院和住宅单元组成的横屋，构成了独特的大型九厅十八井的建筑格局。大梁、月梁、脊檩、雀替、木窗等都做了雕饰，檐廊做了卷棚轩装饰，门窗及屏风多数依照宫殿装饰而成，横梁上雕嵌着双龙戏珠，大厅两根柱子也雕嵌着"四民乐业图"。各种雕饰简洁大方，工艺精细，故沈家大院在闽西地区可谓大型宅院的精品。

沈家大院为四合形，内设有学堂、武馆、酒楼等，走进屋内，到处可见宽敞明亮的天井。据记载，该住宅建于清嘉庆年间，为沈屋太公显仁公从京城请来工匠所造。这种京式建筑在长汀不多，对其他流派建筑艺术在长汀的传播提供了实物考证。

大院前有石柱旗杆，四周砖墙用青龙砖瓦盖起，厚而坚固，历数百年风吹雨打却完整如初。院内大门、正厅、后厅，分别石刻"云峰萃秀""居仁由义""和气致祥"等名人题字，字迹隽秀，内蕴丰富。走廊两旁的墙壁上还保留着许多壁画，清代著名画家黄慎先生题写的"行乎天理，尽其自然"金字匾联保存完好。

如今，沈家大院的许多建筑细节，引起了专家、学者的关注。

"云峰萃秀"大门上，两边各雕鳌鱼，张嘴摆尾，欢快跳水。为什么要放这四只鳌鱼？沈宅后人沈春万说：因为房子的前面，正对石头山峰，夕阳中就像燃烧的火焰，鳌鱼是鱼中之王，传说可以吐水吞火，因此房子建了200多年，从未发生过火灾。

进入第一进大厅屏风，镂空的木雕，横竖格的花窗。细看，有铜钱造型，十分精细。一般一个铜钱里面就是四条弧线，但是它每条弧线又有一个曲折。

第二进大厅的天井，下水道口是银元的一半造型，十分讲究。虽经200多年，它的排水系统依然很好，下大雨不会积水。这里原来是一块沼泽地，在沼泽地建起的宅子，不觉潮湿，就是天井下排水道起的作用。

过了第二进，又是一个天井。这天井较小，它的作用就是采光、通透，旁边还有一个圆窗，雕花也很漂亮。

沈春万说："就是这一个窗，使楼梯间有了光线。2007年的时候，日本东京大学来了一个教授，省里建筑学院的教授陪他来，带了23名研究生过来考察，23名学生花了整整一天，才把这座房子的尺寸、规划、设计都框起来，说很符合当今的设计标准。"

走进这座2000多平方米的建筑，层层递进，厅堂、厢房、豆腐间、书房、宾房、走马道等，置身其中，总叫人有曲径通幽的感觉。而到了宅子的二楼，视野顿时开阔。在第三进的楼上，踏上木楼梯，左右各四个房间。当年，我就住在靠山的最里间。

谁建起了这座沈宅？

我们都很纳闷，当年只有农业、木材、土纸、山货的沈坊，哪里来的巨资，出过哪些达官显贵，是谁建起了这座大宅院？

站在沈家大院前，可遥望矗云耸天的云霄山。这是福建省生态保护区，怪石林立，有玉皇赐印、兔子望月、关羽守月、蟒蛇出洞、蛤蟆嬉戏、鲤鱼腾空、一线天等景点。山上古树参天，有珍贵的红豆杉，翠竹遍野，清泉潺潺。元朝时云霄山上有庙宇，可惜上、中庵已毁，只留下遗址，下庵在民国期间重修保存至今。

坪埔古村的历史悠久，早年以杨姓、沈姓为主，元朝便有杨氏由连城南坑迁居到这，沈氏也在明朝洪武初年迁徙过来。

沈春万说："沈姓是从河南迁移到江西泰和，再迁居到长汀，从迁到沈坊第一代算是第 20 代，到我这代已是 27 代。"

沈春万介绍，祖先沈显仁是做木头生意的商人，据说一次他在馆前三月

馆前沈宅鸟瞰 / 王世民 摄

三的赌场上遇到潮州赌王江海风，赌王手头不顺欠人巨资无法兑付，被人捉打，沈显仁二话不说，从家中挑出三担银子帮他还清了赌债。有一次，沈显仁的木材从汀江水运到广东潮州去卖，到了潮州码头，突涨潮水，木材全部被冲走了。他正在束手无策之时，一个满脸胡须的人请他吃饭。那人双膝跪地说，哎呀，你是我的救命恩人，我是江海风。他说，你不要怕，你这些木材全都盖有火头印，你安心住下。不到十天，江海风召集手下就把失散的木材全部找回来了，还派了六十个人雇了两只船，送沈显仁回来。

这其实是一个报恩的故事，真实的情况，对后人来说永远是一个谜。

同样，传说沈宅对面醉卧"黄慎山"。当年，馆前镇是汀州城与宁化、清流、明溪交流的重要驿道。清嘉庆年间，沈显仁出资建设的沈家大院竣工之日，"扬州八怪"之一、著名画家黄慎也应邀赴宴。宴会上，黄慎酒后乘兴题匾牌一幅。黄慎仙逝后，当地百姓发现，沈家大院正对面的云霄山，远望竟酷似当年黄慎醉卧于石丛时的模样，于是把云霄山称为黄慎山。

如今，到坪埔村做客，不喝个三杯两盏，乡亲不会放你走。醉了，也就是"醉卧黄慎山"。

至于红色故事，这里也很多。土地革命时期，坪埔村是中国工农红军开展游击战争的基点村。当年，红军经常停留在沈家大院，战士们打土豪分田地，在墙上刷写"农民打土豪分田地，穷人不打穷人，士兵不打士兵"等标语，这些标语现在还清晰可见。电视剧《红色摇篮》的很多场景，就是在这里拍摄的。

沈家大院当年的政治背景、经济状况、人文故事，很多还是一个谜。

长汀中街李氏下大屋

李氏下大屋位于龙岩市长汀县河田镇中街村 129 号，乃李氏有端公建于清康熙十九年（1680 年）。大屋坐西南朝东北，背临中街，前望芦竹松林，汀江、刘源河在其左侧蜿蜒而过。原为五堂二横的九厅十八井布局，现横屋、门前雨坪、半月塘、门楼均已毁，仅五堂保留完整，占地面积 1390 平方米。

　　大屋砖木结构，外墙以一字青砖空斗墙围合，硬山顶；内部木构承重。大门门楼为一字牌楼式，灰塑出四柱三间，中间匾额题"爱看前山"四字。门后中轴线上依次分布着下堂、中堂、上堂、后堂与后堂背，各堂均面阔五间，明三暗五，天井两侧的边廊或厢房的外墙与厅堂的次间缝架相对应，边廊直通厅堂次间；边廊的外墙外又做小天井，与梢间对应，成为相对独立的一个隐私小空间。下、中、上三堂明间均为插梁减柱造，前两堂梁架圆作，上堂梁架扁作，用料较大，构架简洁大方。各堂的当心三间全部打通，下堂的太师壁被拆除，仅上堂保留了神龛，从大门往里看，层层递进，形成了很强的透视感，十分壮观，是主要的礼仪空间。后堂背与前面的厅堂以实墙分隔，成为一个独立的院落，后堂背两层，一层明间为厅，其余为居住空间。

　　大屋大气简洁，少用雕刻，尽量展现建筑本身的结构、材料之理性美，屋内大量的匾额、楹联更使其恢宏壮观。2013 年被公布为省级文物保护单位。

沧桑下大屋

刘中华

　　虽然离下大屋仅百余米，且听姨丈多次谈起他的这座祖屋，但我一直没去观赏过，这对于爱好寻访家乡古迹的我来说，有点说不过去，这类似"书非借不能读也"，近在咫尺的拥有，往往倒会无视——心想反正随时可访。

　　仲冬以来，阴雨了好些日子，今天天公似对我特别眷顾，太阳未近午便从云层中时隐时现，勾引我探访的欲望。那么，下大屋，我来访你——

　　来到台湾府思义公祠外，远见百米外的下大屋夹躲于新旧屋舍之间，像个羞涩的小姑娘，路旁明镜般的池塘，荷枝残插，水草翠萋，倒映天蓝云白，午后的阳光暖暖地投射到塘面，好个"天光云影共徘徊"。

　　经基督教堂外前行二十米，再左拐三十米右进，便来到了下大屋。

　　屋外小坪杂草疯长，一条小水沟自右绕流而出，沟水脏黑，垃圾点点，附近民居逼仄，路口三两个妇女正聊天，见我这不速之客的到来，露出疑诧的眼光。

李氏下大屋立面 / 李华珍 摄

大屋正面是高高的砖墙，左侧马头墙上枯草刺天，正呼喊古屋的沧桑。正门顶飞檐翘角，粘缀飞鱼，顶额书"爱看前山"四个大字，据说是太平天国将领石达开所题，又有说题于雍正七年（1729年），不知何为对错，反正看不到翼王的落款，起首的年份也已模糊不清。

我曾探寻过有"民间故宫"美誉的连城培田古民居，如果说培田古民居是富贵的大家族，我以为下大屋倒像一位纯朴的村姑。

李氏下大屋，也有"历史名建筑"之誉，是河田古镇的一朵建筑奇葩，大屋后依中街，门迎芦竹松林，左流汀江、刘源河，荷塘萍池连绕腰带，是十二世有端公于康熙十九年（1680年）建造，坐西南朝东北，砖木结构，由五大栋、两大直横屋组成，共50多个房间、9个厅、18个天井，故称"九厅十八井"，现占地面积1390平方米，原2000平方米，大屋层层递进，左右对

李氏下大屋前堂望后 / 刘中华 摄

称、流线明显、布局合理、结构严谨、雕刻精细，封火墙高低错落，门前有雨坪、池塘、门楼、横屋、门楼均已毁。下大屋是具有代表性的府第式建筑，是长汀客家古民居之冠。有端公还在河田上街建了"穿心走马楼"大型建筑，因火灾也已毁。

耳听为虚，眼见为实，今日登门，必细赏之——

踏入磨损的石门槛，见左门贴蓝色门牌——中街 129 号，槛内左右各有方寸小室，正前是第一个天井，天井中浮满绿萍，如一张翠纸漫上了通径。天井花圃杂草衰败、枯黄斜曳，如乞丐乱发。花圃植桂树，花未凋尽，我俯近嗅闻，淡香入鼻。天井左右皆有边房，门窗破落，暗黑杂乱。

过天井达外厅，厅前的石砌横道长满野草。外木柱悬挂着一对黑底黄字联，联上方被红绸遮住，看不到字，我找来一把扫帚挑开绸布，露出全联"有仁兴后代，端正振家风"，这是建造者名字的藏头联，外厅中悬 "澹泊明志"匾，起首书"上海浦东政协主席李佳能会长"，落款为同济大学原副校长阎季常题于 2001 年 12 月。阎季常 1971 年生，1993 年毕业于同济大学，仅比我大一岁，年轻有为。而李佳能是下大屋目前还健在且官职最大的后人。厅内有联"九厅华堂重放异彩，十八天井复飞霞光"，左右壁柱有红纸婚联"一世良缘同地久，百年佳偶共天长"，其他柱子上也都有未撕尽的纸联痕迹，深浅不同的红，昭示岁月的远近。

往后第二个天井两个圆花圃也种桂花。天井左侧房内已无披瓦，西斜的阳光照射出七彩的光芒，房外墙上挂着《财产管理制度》，右房外挂《文保单位巡查制度》与《安全管理制度》。

踏上中厅，左右各有小巷、厢房，厢房靠地的木板长满绿苔，恰似涂抹的青漆，中厅外悬"紫光返照"与"揿星焕彩"双匾，左右镶名联为"有容乃大绘就九厅十八井，端正必兴弘发百世万千家"。厅中顶悬"德镇龙岗"金字匾，字体沉雄端庄，此匾很有典故：相传有端公建屋时为秀才，是附近四乡八镇有名的士绅，当时村民如有争执不下的难题，都请有端公前往调处。有一次连城龙岗发生一起民间纠纷，几乎酿成械斗，当地派人赶往河田下大屋，请有端公前往协调。不巧，有端公因一儿病故，正办丧事，报信人见大门口挂着白灯笼，迟疑不敢进去，有端公闻知此事，当即随来人赶赴龙岗，械斗双方听说有端公不顾丧子之痛，前来调解，便自觉停止，和平停息。为感谢有端公息事之功，龙岗民众赠送牌匾，现匾为2001年整修时重立。

中厅还有隶书联"华厦恢恢虎踞龙盘昌百世，簪缨济济地灵人杰耀千秋"，厅中地上长着块块苔藓，或蓝或绿，或青或白，甚有形似青龙的，如在云中腾挪穿行。

李氏下大屋中堂 / 李华珍 摄

李氏下大屋前天井 / 刘中华 摄

中厅后是第三个天井，此处无水，种两株铁树，叶尖密插，如根根绿箭。天井壁是大小一致的鹅卵石砌成，整齐排排，一株海棠从石缝中倔强曳长，展现出顽强的生命力。天井右墙贴捐款芳名，左墙黑色大理石刻着李佳能题语——"河田下大屋，历史名建筑"，红瓷砖镶边。

前方正厅，外悬"百世其昌""书香及第"双匾，旁柱有精巧木雕，垂悬行书联"华堂焕彩蛟腾凤起征人杰，广厦弘辉虎踞龙盘寓地灵"。左折入边巷，又见小天井，靠上厅房外的半月形木窗制作精美，顶上楼房窗板疏脱，小天井内杂草丛生，下厢房木窗细格嵌接，雕花美观。阳光朗照在青砖墙，亮若白纸，仰望四角的蓝天白云，寂静的老屋似乎在回溯家常的琐事。

返正厅，见神龛竖放着祖宗牌位，牌位顶的"陇西堂"正是李氏堂号。天字壁左右挂着两幅清代衣冠的祖像，祖像长白的胡子，头戴鲜红冠帽，蓝衣素服，庄严的面容目光如炬，使空无一人、原本通透光亮的偌大古屋，顿显一丝阴森恐怖。神龛顶悬黑底黄字匾"怀仁隽智"，左右柱悬联"势短世长处世何须用势，仁厚人薄为人务要存仁"，此以同音异字组联，蕴含人生大智慧、大道理，寓意深长，发人深省。厅壁有红纸长联"有百金之量有千金之量有万金之量量大乃福大，积三世之德积五世之德积七世之德德长庆亦长"。

从神龛右侧我想往后厅续看，却见后门被杂物所拦，我站于木槛往里瞧，见第四个小天井，左右也有边房，天井无花，仅以陋石托撑一长石条。井沿往里不盈二尺又一门墙，透门内窥，再一后厅天井，后厅家具杂陈，有人居迹象。我退回正厅前右巷而出，来到围屋外，往后十余米，入小门，终见二层木质后厅与后背厅，顶楼皆木倾梁落，残败欲塌，我声唤主人，出一老妇，以方言说明来意，房内又出一老翁，询谈间，我叹老屋之败，老翁说前几年有省专家来绘图，原想大修的，听闻要费300余万，至今无行动。

别老翁，出侧门，前方三两学童沿外墙根土道快步前行，如风一样消失在转角。这些老屋旁居住的孩子，是老屋的枝叶，是未来的希望……

下大屋书香绵延，民风淳朴。今有博士、硕士、大学生百余人，遍及海内外。300多年风风雨雨，下大屋曾是当年朱德等红军到河田时的生活场所（指挥部在基督教堂），还办过食堂，做过粮仓，由于年久失修，几近毁坏。她的子孙们于2001年集资3万多元，翻新屋面，整修厅堂，砌天井，正门墙，疏涵沟，清环境，筑大道，费时5个月，粗略恢复了这座历史名屋的原貌，然而，如今诸多残败的迹象依旧暴露了3万整修资金的微弱。

"悠悠天宇旷，切切故乡情。"老屋是根，根在叶落；老屋是魂，魂在梦绕；老屋是源，源在水流；老屋是巢，巢在鸟归！

习近平总书记曾语重心长地告诉我们："乡愁就是你离开这个地方就会想念这个地方。"故乡的歌是一支清远的笛，总在有月亮的晚上响起。没有老屋的故乡，那是断了翅的乡愁——飞不回梦里！

沧桑下大屋，何时还她洁净秀丽的容颜，让她更多的子孙魂牵梦萦？

连城芷溪集鳣堂

集鳣堂又名渔溪公屋，位于龙岩市连城县庙前镇芷溪村，为杨氏十七世裔孙渔溪公及其子纛云、润田、腾风建于清康熙、乾隆年间，历时60年。是2018年被公布为福建省级文物保护单位的芷溪古建筑群的重要组成部分。

该建筑规模宏伟，占地面积达13 000平方米，为四堂四横式的九厅十八井格局。主座坐东朝西，中轴线由围墙、前坪、门厅、内坪、下堂、大堂与后堂组成，厅堂面阔五间，外门楼转折朝南。内坪十分宽敞，下堂与大堂明间采用插梁式构架，圆作，厅堂与厢房前檐用扛梁减柱造，空间开敞明亮。两侧各有两条横屋，三间或四间一组，以明间或次间为偏厅，与侧天井、过水廊屋组成一个个相对独立的三合院，十分宜居。该宅还设有内外学堂，内学堂学文，外学堂习武。北横屋外原来还有花园，可惜现已被改造。

该宅有两个门楼。外门楼为五间八字石构门楼，五屋顶迭落，简洁大气。内门楼为五间八字砖构门楼，门框、门梁石构，门梁浅浮雕。两个门楼的屋顶均飞檐翘角，翼角以卷草灰塑装饰，飞动灵巧；檐口饰以灰塑与彩画，淡雅古朴。

集鳣堂梁架用料硕大，梁枋做成月梁状，两端部或施以简洁木雕，或不施雕刻，表现结构美；雀替镂雕卷草纹；卷棚下的步柱镂雕螭虎纹团出的各种造型，是构架中最精美之处。槅扇、槛窗或镂雕螭虎纹团出的"福""寿"等字，或镂雕简洁的"回"纹。柱础造型多样，有镜鼓状、方形、南瓜形、八边形等，并施以浅浮雕。

建筑奇葩集鳣堂

黄茂藩

春节前夕，我和几位同学造访了芷溪古民居——集鳣堂。这是著名的九厅十八井，由杨氏祖宗渔溪先生与其子建造，兴建于清康熙末年，历时60年，于乾隆四十三年（1778年）才建成，至今已有两百多年历史。两百多年来，历经兵燹动乱，沧海桑田，集鳣堂仍以卓尔不群的风姿巍然屹立于芷溪河竹坑桥畔。它以宏伟而精致、古朴又典雅的明清建筑风格和丰盈的文化艺术底蕴，以及折射出客家人崇文尚武、耕读商贾等开拓精神，吸引了国内外许多学者与游客。作为中国历史文化名村的芷溪，这样完整的九厅十八井有八处，但集鳣堂保存得最完整最恢宏。

从古色古香的老街下去，穿过幽深的小巷，走到竹坑桥头，眼前一处大围屋，就是集鳣堂，游客美称是"江南大宅门"。先扑入眼帘的是石门楼，俗

鸟瞰集鳣堂／朱裕森 摄

303

称外大门，一丈多高，用青冈水磨石砌成，帽顶是层层叠叠的飞檐翘角，如大鹏展翅，志在凌霄。门楼上有许多精美的浮雕。门楣上题字，据说是清代学者、诗人、大书法家何绍基所书，曰"南离辉映"，令人惊诧的是每一个字均缺一笔，这在何大师墨宝中极为罕见。笔韵淋漓酣畅，苍劲飘逸。

迈进门楼厅，眼前一大片宽阔的雨坪，约八九百平方米，全用拳头般大的鹅卵石铺成，细看，铺出许多花纹。坪外沿一对三丈左右高的石桅杆（也有说石旗杆），耸天而立，直指青云。其实雅称魁星笔。它告诉你，这不是普通人家，而是取得相当功名的官宦人家。渔溪先生的长子鼇云先生曾任千总之职，政绩显著，朝廷为之树"桅"表彰。客家人历来崇文尚武，在此可见一斑。雨坪对面屋子里有两处学堂，外学堂习武，内学堂修文，请武师先生教习本屋童

集鳣堂下堂／朱裕森 摄

稚子孙。往右是内大门，建筑风格与外大门相似，飞檐斗拱，除门沿门楣是青石外，两边是青砖雕刻，做工精细。其他装饰是镂雕（透雕）。门楣上镌刻的"白环世守"亦是书法精品。迈进门，以中门门板作屏障，中门平时不开，碰到重大喜庆或迎接朝廷官员或贵宾才开。从侧门入，豁然开朗，一片开阔天井，约两百平方米。上面便是正厅之一——下厅。其宽约二十米，回廊下四柱两臂合抱大的柱子立在石鼓形的柱石上，气宇轩昂，是宫殿式的建筑，天井边四周廊下，一串串大红灯笼高高挂起，比乔家大院还气派。屋脊由一排金钱造型红砖雕塑组成，玲珑剔透。天井左右两侧叫西厅（也叫花厅），建筑一样，讲究对称。西厅里住有人家，宝珠茶花正盛开，映日茶花别样红。这么宽的天井，亦是罕见，可供孩子玩耍学骑自行车。天井四周用青石板锁边，地板是三合土，俗称"红毛灰"，据说是用石灰、细沙、红糖等材料，其工艺之复杂，三言两语难以言尽。这三合土坚固光滑，呈枣红色，历经几百年，仍完好如初，类似于现在的水磨石地板。柱下有几方"武石"，是前人练武用留下的。同行杨君曾习武，年轻气盛，试图搬动一方武石，但纹丝不动，他说至少三百斤。真难想象，以前那些练武之人，居然能把这巨石玩耍于股掌之中。绕过天井，上回廊，下厅外柱子上有幅楹联，云"溯汉代之宗风咸推四世皆清德，衍关西之庆泽共美三台有伟人"。

迈进下厅，眼前另一番景象，雍容典雅，宽阔伟岸，充满翰墨书香，"四点金"的巨型大柱上刻有楹联，云"克俭克勤乃康乃茂，惟和惟一斯爱斯传"。这一联文反映了客家人处世治家立业之根本。我脑海中忽然浮现出一千多年前，晋代的"五胡乱华"，唐朝"黄巢起义"，宋朝"金人南侵"，元代"元人入主"，一次次社会大动乱，我们客家人一拨拨携妻带子，在滚滚烽烟中，一次次从中原南迁再南迁，靠的就是勤俭吃苦耐劳的精神和团结互助相亲相爱的禀赋，开疆拓土，融合当地居民，在现在的定居地生生不息，不断繁衍壮大，为中华民族的文明做出了卓越的贡献。下厅正墙上还有一副楹联，云："登北宋词坛郁郁柘圃声华蒸被孙枝苍采丽，开南闽圣域喤喤镛州钟篴绵绳祖德毅贻长"，落款是"素堂弟邱振芳拜赠"。"天子壁"上方还有时称"福建才子"邱振芳书的《渭飞杨先生号序》的牌匾。更珍贵的是厅两旁有林则徐所赠的诗，诗云："朝霞照水红初艳，新柳笼烟绿已齐。缥缈香飞仙掌外，从容人到凤池西。"据说，渔溪先生曾在广东广州一带做生意，与林则徐交往甚厚，林则徐还来过芷溪。这种说法值得商榷，因为史料上说林则徐是1839年1月去广州禁烟的，假定这个时期与渔溪先生有交往，并来过芷溪，那时集鳣堂已竣工了60年，60年以后，大概渔溪先生已不在人世了。可能是林则徐与渔溪先生的长子矞云先生有交情，并在集鳣堂尚修建中来过。细读林则徐的赠诗，林则徐到过集鳣堂，我信然，因其诗看得出是即景之作。集鳣堂原有两处园苑，有池沼亭台假山等景致，曰"龙池"和"凤池"。试想：在一个红霞照水的早晨，一阵如酥的细

集鳣堂门楼/李华珍 摄

集鳣堂天井与插屏门／李华珍 摄

雨收了雨脚，翠绿的新柳笼罩在如烟的水雾中，三五位穿着马褂青衣的儒士，披一袭泥土桃李的清香，从蜿蜒的桥畔田埂上信步走来，最后驻足流连于"凤池"园苑，边赏景边谈笑，那是神仙般的惬意和安适啊！

下厅往上，便是中厅和上厅，这里比下厅稍小，而建筑更精致，雕梁画栋，门窗的雕镂更是上乘之作。中厅隔着门扇与上厅相连。中厅叫议事厅，族中有什么大事，族中理事们便会在此开会，也可以在这里会客。再往上，便是上厅，显得异常庄严肃穆。正中一块黑底金字匾——"集鳣堂"，赫然醒目，匾下是神龛，雕刻特别精美，如一处小宫殿，内供奉祖宗牌位，前有一张神桌和一张八仙桌，两侧各有两把黑亮的太师椅，椅后是一排仪仗执事。不用说，这里是全家族最高权力的象征，结婚大典、做寿、年三十祭祖等重大活动就在这里举行。

以上厅、中厅、下厅、门楼厅、内大门连成一条中轴线，左右两侧各有

集鳣堂匾额／朱裕森 摄

两排与中轴线平行的横屋，花厅共有 6 个，与正厅 3 个合为"九厅"；共有天井 18 个，叫"十八井"。这整幢建筑称"九厅十八井"。两侧横屋里各有一口水井，可供全屋七八百人饮用。9 个厅的门扇可以卸下，正好铺满所有的天井，这时一个四通八达的室内广场便呈现眼前，这里曾摆过 120 桌酒席，大宴宾客。集鳣堂占地面积 13 000 余平方米，建筑面积约 6000 平方米，拥有 104 间房。可见其规模之宏大。

我们告别集鳣堂时已近中午，这样走马观花，花去了整个上午。出来时，下起细雨，回首集鳣堂，烟笼雾锁，缥缈如仙山楼阁。历史啊，犹如这迷蒙的雨，它遮掩了九厅十八井多少悲欢离合的故事？我的心忽然潮湿起来。

连城培田村官厅

培田村官厅原称"大屋"，位于龙岩市连城县宣和乡培田村，据传吴氏曾在此接官迎宾而获"官厅"之称。是 2006 年被公布为全国重点文物保护单位的培田村古建筑群的重要组成部分。

　　官厅坐西南朝东北，是五堂二横的九厅十八井式民居，占地面积约 6000 平方米。中轴线上依次分布着半月塘、外雨坪、门楼厅、内雨坪、下厅、中厅、上厅、后楼。内、外雨坪中有石狮、旗杆石、抱鼓石等，雨坪地面用卵石铺砌成双凤朝阳的图案。门楼厅面阔五间，内雨坪宽达五间，两侧以围墙隔开两个相对独立的三合院，作为客厅和书院花厅。下厅青砖匡斗墙的立面中间做三间三屋顶迭落的砖构牌楼门，门额题"斗山并峙"。中厅明间宽敞，与天井两侧的通廊、下厅围合出一个开放空间，用于待客、议事、聚会。上厅设神龛，是祭祀祖先的场所。后楼二层，一层用于宗族议事，二层藏书。两侧横屋被分成四个独立的小院子，各有偏厅与天井，分给小家庭使用。横屋外砌层层迭落的青砖匡斗墙，当地俗称为"火墙背"；火墙背与横屋之间约 2 米宽的廊道内设水圳，巧妙地与村中水圳的水连成一体，兼具日常洗涤与防火之功能。

　　抬梁穿斗混合式构架用料较大，插梁圆作，雕刻简洁。木雕精华集中在中厅大屋间的八扇槅扇中，槅心实木板上镂雕"丹凤朝阳""王猴福鹿""麒麟献瑞"等内容，上下绦环板则浅浮雕瑞禽瑞兽，并施彩绘与镏金，造型精妙。有意思的是，该宅喜将各种动物的头雕成猴脸，封侯拜相的人生理想呼之欲出。官厅的梁架、槅扇、板壁上还漆上了以蓝、绿色调成的暗色，又用红色、镏金进行点缀提色，显得富丽庄重，有别于一般民居使用的原木本色。

　　官厅兼具居住、祭祀、接官、藏书、课子等功能，布局、结构、装饰等均体现了官宦建筑的特点，比较罕见。

从官厅看培田

天一燕

　　刚走进培田村时，一大群游客还跟着导游，随着导游的介绍而移步，但未等看完第一座大宅，人们便三三两两地走散了，看雕梁的看雕梁，看画栋的看画栋，看楹联的看楹联，看古物的看古物，然后脚步急切地奔向其他大宅，各自迷失在培田古老的街巷和几十座厅井套叠的古建筑里。过了约一个时辰，大家竟殊途同归，陆陆续续踏进了一座叫"官厅"的大宅里，流连忘返。在这个有着"福建民居第一村""客家庄园""民间故宫"之美誉的培田古建筑群中，官厅无疑是最引人注目的，就像镶嵌在皇冠上最正中位置的那颗明珠一样，格外端庄而耀眼，不踏进官厅，等于没来过培田。

官厅正立面 / 吴念民 摄

官厅内大门/吴念民 摄

官厅并不是古代的官府驿站或公干场所,它只是一座规模宏大、建筑考究的古民居,原名大屋,只因主人是当地望族,经常接待过往官员,因此被人们称为官厅。

官厅是一座典型的九厅十八井中轴对称式古民居,占地面积约6000平方米,其院坪宽敞,门楼气派,飞檐翘角,古朴沧桑,整个构造由水塘、外坪、外门楼、内坪、内门楼、"三堂两横"加后楼组成。庭院纵深长达100米,呈五进式,共有11个厅堂、32个天井和院落、近百个房间。外大门前有石狮、石鼓和石桅杆,门楣上书"业继治平";内大门前的雨坪约有300多平方米,门楣上书"斗山并峙"四字。

官厅的主人是吴馥轩,字润兰,生于清雍正十一年(1733年),卒于嘉庆元年(1796年)。据考证,官厅是吴馥轩的祖父及父亲所建,落成于清乾隆初年，后兄弟分家才归属吴馥轩，至今已有 270 多年的历史。

　　官厅布局独特，设计精巧，雕梁画栋，流光溢彩，其核心部位正厅，有着浓郁的客家人文气息，既体现了大户人家的富丽堂皇，又体现了书香门第的儒雅精致。吴馥轩家族是客家人"耕读传家"的典范，其祖上既经商务农，又崇文重教，历代都有功名，如祖父吴日炎是举人，曾任刑部四川司员外郎（一说为国学生候选州司马）；父亲吴镛是武秀才，乾隆甲子年间贡生（岁进士）；吴馥轩本人也是乾隆年间的秀才、贡生。吴家藏书甚丰，其后楼的楼下是学馆，楼上是民居中少见的藏书阁，曾藏有古籍万余册。官厅主人的思想意识、文化品位在宅内寓意深刻的楹联上便能体现出来，如"积德润身如积玉，遗书教子胜遗金"。

官厅外石楮杆/吴念民 摄

　　大屋中厅的梁柱间、桎枋间的雕花，全为双面对称镂空雕，其工艺令人叹为观止！后厅为宗族议事厅，左右花厅则专供主人休闲会友。厅堂两侧是横屋，结合天井小庭院，形成多个相对独立又可以相互连通的生活空间，既聚族而居，又可各自生活。两百多年来，吴家后裔或商或农，或官或儒，在这个规模宏大的宅院里，繁衍生息，延绵流芳。

　　官厅是培田的一个缩影，无论建筑还是人文，无论历史还是故事。

　　培田全村人都属吴姓家族，其开基始祖是吴八四郎，有关资料称其元代自无锡迁来，但未说其迁来之前是官宦之家还是书香门第，想必吴八四郎是个有文化的开明人，才懂得崇文重教、耕读传家，代代相传下来，使整个家族的素质不断提高，族人们世世代代以耕养家，以学求贵，以贵致富，以富保泰，

官厅横屋天井 / 吴念民 摄

以泰益智，渐渐走上了集体富裕之路，庄园式的古民居建筑群，彰显着培田昔日的荣耀与辉煌、繁华与富庶、文化与品位。这么一个坐落在崇山峻岭中的仅有三百多户人家、千余人口的偏僻村庄，历史上竟然曾有过18座书院、私塾和学堂！村里从明代开始就陆续建立了助学、奖学制度，还实行了中国最早的免费入学制度，并高薪聘请名师任教。一个崇文重教的家族绝对是有希望、有前途的家族，培田的繁荣昌盛，究根溯源是对文化教育高度重视的结果，其"耕读为本"的思想，造就了一代又一代贤人名士。据族谱记载，明清以来，培田登科入仕者达191人，官至五品以上者14人，最高者达三品；民国时期培田有4人出国留学，3人就读黄埔军校；中华人民共和国成立后培田有20多人获博士学位，100多人毕业于大中专院校。此外，培田历史上还出过许多大商巨贾，并有一些民间画家、文人和饱学之士。

崇文重教使培田贤人辈出，有文化有品位有卓识的培田人，自然有其不低的管理才能，因此在家族管理上也是让人赞叹的。培田人有族规，有家训，有家法，更有其独特的社会教育和保障体系，家族建有许多公共设施，除了书院、学堂、庵庙、祠堂、官厅、戏台、藏书阁、议事厅外，还有一些独特的配置显示着培田人的开明和进步：一是"容膝居"，这是一个家族妇女学校，专门为妇女们授课讲学，让嫁出去的女儿和娶进来的媳妇能知书达礼，掌握必备的德行、礼仪、族规、家训、文化知识及烹调、女红等各种生活技能，更新奇的是，容膝居的院墙上竟然刻着"可谈风月"，妇女们在这里不仅可以学习文化技能，还能交流情爱经验，这在男尊女卑、男女授受不亲的封建社会里，是难能可贵的。二是"修竹楼"，这是一座民间工艺培训学校，它以交流技艺为主，培田先祖精湛的泥、木、雕、塑、剪等技艺大都源传于此。三是"道山草堂"，这是该村当时的孤儿院和敬老院，凡是孤儿或无人赡养的老人，都住到这里由家族供养。此外还有惩戒重男轻女思想的"拯婴社"，强制进行戒毒的

"大和山道堂"等。

　　培田古民居大都形成于培田村鼎盛的明清时期，整体布局具有相当水准，30座大宅、21座古祠、6座学堂、2座书院、5座庵庙、2座牌坊、1条古街、5条巷道及2条贯穿村落的水圳紧密有序、错落有致地点缀在7万多平方米的土地上，间有店铺、戏台、亭阁、水塘等，卵石砌道，青砖筑墙，黛瓦盖顶，水圳绕屋，整个建筑群配置得体，壮观和谐，且依山形、地势、水文而营构，显然是经过家族统一而精心的规划。深宅大院里，院落重重，厅多井多，却布局合理，功能分明，厅与厅之间既有通道相连，又有门户隔阻，使之各成单元，既利于聚族而居，又不妨碍小家庭各享天伦。

　　官厅的建筑布局是培田古民居中的典型代表，它是明清时期杰出的民宅建筑，不仅具有很高的建筑文化品位和建筑艺术价值，同时也是研究客家文化的珍贵史料。民间传说官厅的建造者即吴馥轩的祖父吴日炎"一生挖八窝窖藏，造七座大屋"，即靠飞来横财建七座大宅，包括官厅，这个传说经不起推敲。培田古建筑群，是从清初到清末民初两百多年来历代培田人艰苦创业的产物，绝不是某代老祖宗发意外之财能够做到的。吴日炎、吴镛所处时代正是"康乾盛世"，吴日炎家族以及整个培田都在兴旺之中，由吴日炎积累一定资金（但不是"掘窖"所得），大屋由吴日炎开工始建，吴镛最终完成（大屋工程浩大，而吴日炎只活到56岁）。大屋能成为"官厅"，也足见其家族在培田村的富贵荣华和地位，官厅人应是担负着培田吴姓大家族的族长职责，以族长地位接待过往官员。

　　光阴似箭，岁月如梭，转眼二百多年已逝。如今，岁月的风烟早已遮蔽了培田往日的辉煌，历史的尘土也已掩埋了官厅曾有的荣耀，高堂华屋沧桑斑驳，已成了一道道古老的风景，站在岁月的深处，静静守望亘古的时光。但，它的历史，它的故事，仍让今人品味无穷，感慨深思。

附 录

福建省级以上文物保护单位名录

（府第民宅）

一、全国重点文物保护单位

名称	地点	名称	地点
三坊七巷和朱紫坊建筑群	福州市鼓楼区三坊七巷、朱紫坊	南安中宪第	泉州市南安市石井镇延平街道
严复故居	福州市仓山区盖山镇阳岐村	李光地宅和祠	泉州市安溪县湖头镇中山街
林则徐宅与祠	福州市鼓楼区中山路、文藻山、澳门路	施琅宅	泉州市晋江市南龙湖衙口村
九头马民居	福州市长乐区鹤上镇岐阳村福廷自然村	泉港土坑村古建筑群	泉州市泉港区后龙镇
漈下建筑群	宁德市屏南县漈下村龙漈溪畔	福兴堂	泉州市永春县岵山镇塘溪村
凤岐吴氏大宅	宁德市柘荣县乍洋乡凤里村凤岐自然村	蓝廷珍府第	漳州市漳浦县湖西畲族乡顶坛村
蔡氏古民居建筑群	泉州市南安市官桥镇漳里村漳州寮自然村	玉井坊郑氏大厝	三明市尤溪县西滨镇厚丰村
亭店杨氏民居	泉州市鲤城区江南街道亭店社区凌霄路12号	泰宁尚书第建筑群	三明市泰宁县城关福堂巷
南安林氏民居	泉州市南安市省新镇满山红村	培田村古建筑群	龙岩市连城县宣和乡培田村
		四堡书坊建筑	龙岩市连城县四堡乡雾阁村、马屋村

二、省级文物保护单位

名称	地点
邓拓故居	福州市鼓楼区道山路第一山弄 7 号
吉庇巷谢家祠	福州市鼓楼区吉庇路60 号
文儒坊尤氏民居	福州市鼓楼区文儒坊
大光里陈氏民居	福州市鼓楼区文儒坊大光里
陈衍故居	福州市鼓楼区文儒坊大光里
新四军驻福州办事处	福州市鼓楼区安民巷53 号
宫巷刘家大院	福州市鼓楼区南街街道宫巷
朱紫坊方氏民居	福州市鼓楼区朱紫坊48 号
朱紫坊张钰哲故居	福州市鼓楼区芙蓉弄
高士其故居	福州市鼓楼区鳌峰坊
朱紫坊陈兆锵故居	福州市鼓楼区法海路
侯德榜故居	福州市台江区宁化街道宁化新村二里
采峰别墅	福州市台江区上杭路
黄培松故居	福州市台江区中平西路
陈绍宽故居	福州市仓山区城门镇胪雷村
螺洲陈氏五楼	福州市仓山区螺洲镇店前村

名称	地点
林森公馆	福州市仓山区对湖街道程埔头七星巷
龙院郑氏民居	福州市仓山区盖山镇高湖村
水西林建筑群	福州市高新区南屿镇南旗村水西林街
厦王里孙氏民居	福州市连江县凤城镇八一六西路
宏琳厝	福州市闽清县坂东镇新壶村
樟坂乡贤第	福州市永泰县同安镇樟坂村
盖洋三对厝	福州市永泰县盖洋乡盖洋村
下坂厝	福州市永泰县嵩口镇下坂村
下车碓厝	福州市永泰县嵩口镇月阙村
垅口祖厝	福州市永泰县嵩口镇中山村
谷贻堂	福州市永泰县霞拔乡锦安村
上攀古建筑群	平潭综合实验区平原镇上攀村
红卫林氏民居	平潭综合实验区平原镇红卫村
梅鹤古建筑群	宁德市蕉城区虎贝镇梅鹤村

名称	地点
蕉城蔡氏民居	宁德市蕉城区蕉北街道前林路
文峰古建筑群	宁德市蕉城区虎贝镇文峰村
闽东独立师集训地	宁德市蕉城区虎贝镇文峰村
桃花溪革命旧址	宁德市蕉城区霍童镇桃坑村桃花溪自然村
洋里民居	宁德市福鼎市白琳镇翠郊村
小梨洋甘国宝故居	宁德市屏南县甘棠乡小梨洋村
后龙古建筑群	宁德市屏南县屏城乡后龙村
前山大外厝	宁德市柘荣县城郊乡前山村
东源古建筑群	宁德市柘荣县东源乡东源村
林耀华故居	宁德市古田县黄田镇凤亭村
圆瑛法师故居	宁德市古田县平湖镇端上村
莆田大宗伯第	莆田市荔城区镇海街道长寿街庙前路
下亭陈氏民居	莆田市荔城区拱辰街道下亭村
涵江黄氏民居	莆田市涵江区涵东街道霞徐社区

名称	地点
涵江江氏民居	莆田市涵江区萩芦镇梅洋村
凤门林氏大厝	莆田市涵江区江口镇江口社区刘井村凤门巷
祖闾苏民居	泉州市鲤城区海滨街道涂门社区
锡兰侨民旧居	泉州市鲤城区涂门街
泉州黄氏民居	泉州市鲤城区鲤中街道和平社区
李贽故居	泉州市鲤城区万寿路159号
坂埔古厝	泉州市南安市英都镇良山村
大成古厝	泉州市泉港区南埔镇肖厝村
山腰庄氏古民居	泉州市泉港区山腰街道埭港村委会石桥自然村
湖头大成祖宇	泉州市安溪县湖头镇横山村
湖头李氏宅祠建筑	泉州市安溪县湖头镇湖二村、湖三村
惠安刘氏民居	泉州市惠安县螺城镇中山北路
大演洪氏民居	泉州市南安市蓬华镇大演村
霞美陈氏民居	泉州市南安市霞美镇霞美村
良山洪氏民居	泉州市南安市英都镇良山村坂埔自然村

名称	地点
奎霞建筑群	泉州市南安市石井镇奎霞村
观山李氏民居	泉州市南安市眉山乡观山村
叶飞故居	泉州市南安市金淘镇占石村
长顺建筑群	泉州市晋江市龙湖镇南浔村
钱头状元第	泉州市晋江市池店镇钱头村
陈清机宅	泉州市晋江市安海镇石狮巷
五店建筑群	泉州市晋江市五店街
新坂堂	泉州市永春县桃城镇洋上村
巽来庄	泉州市永春县五里街镇仰贤村
漳州蔡氏民居	漳州市芗城区大学甲37号
石码杨氏大夫第	漳州市龙海市石码镇下庵路
秋瑾故居	漳州市云霄县云陵镇享堂村
白礁潘氏民居群	漳州市漳州台商投资区白礁潘厝自然村
东山新大厝	漳州市漳州台商投资区角美镇东山村
顶西蓝氏家宅	漳州市漳浦县赤岭乡顶西村

名称	地点
后康陈氏种德堂	漳州市漳浦县马坪镇山前村
过港王加禄故居	漳州市漳浦县前亭镇过港村55号
林语堂故居	漳州市平和县坂仔镇宝南村
福塘建筑群	漳州市平和县秀峰乡福塘村
铜陵黄道周故居	漳州市东山县铜陵镇公园社区菜园底224号
珪后古建筑群	漳州市长泰县岩溪镇珪后村
福海卢厝	厦门市思明区厦港街道港围仔内巷
鼓浪屿大夫第	厦门市思明区鼓浪屿
鼓浪屿四落大厝	厦门市思明区鼓浪屿
金坑儒林郎第	南平市邵武市金坑乡金坑村
邵武中书第	南平市邵武市五四路道佳巷
下梅大夫第	南平市武夷山市武夷街道下梅村
峡阳民居	南平市延平区峡阳镇峡阳村
陈源叶氏花厅	南平市浦城县水北街镇陈源村
西山故居	南平市浦城县仙阳镇仙阳街

名称	地点
元坑陈氏民居	南平市顺昌县元坑镇东郊村
崇仁裘氏民居	南平市光泽县崇仁乡崇仁村
福字楼	南平市光泽县崇仁乡崇仁村
书坊陈氏民居	南平市建阳区书坊乡书坊村
桂峰步云楼	三明市尤溪县洋中镇桂峰村
桂峰蔡氏民居	三明市尤溪县洋中镇桂峰村
西城卢家大院	三明市尤溪县西城镇团结村
尤溪红四师师部旧址	三明市尤溪县西城镇团结村
大福圳民居	三明市尤溪县梅仙镇坪寨村
红三军团政治部旧址科坑厝	三明市尤溪县梅仙镇梅营村
雍口徐家大院	三明市尤溪县西滨镇雍口村
闽赣省苏维埃政府旧址	三明市尤溪县坂面镇京口村后溪自然村
忠山古建筑群	三明市三元区岩前镇忠山村
龙安骑尉第	三明市三元区莘口镇龙安村

名称	地点
万金厝	三明市永安市槐南镇洋头村
沧海畲族建筑群	三明市永安市青水畲族乡沧海村
李宝焌故居	三明市永安市贡川镇洋峰村
少共国际师马洪旧址	三明市永安市洪田镇马洪村
小陶革命旧址群	三明市永安市小陶镇垇头村、美坂村、石丰村、小陶村、吴地村、寨中村
赖坊建筑群	三明市清流县赖坊乡赖武村、赖安村
东坑建筑群	三明市清流县余朋乡东坑村
良地建筑群	三明市将乐县万全乡良地村
陈塘修齐堂	三明市宁化县石壁镇石碧村
下曹建筑群	三明市宁化县曹坊镇下曹村
南山下宁宅	三明市宁化县水茜镇南山下村
湖源中央红军东方军旧址群	三明市沙县湖源乡圳头村、城前村
大水湾陈氏大厝（沙县陈氏大厝）	三明市沙县虬江街道茶丰峡村

名称	地点
深原堂	三明市大田县广平镇广平村
中国工农红军第九军团驻扎地暨三民乡苏维埃政府旧址光裕堂	三明市大田县建设镇建设村
叶炎煌故居——联芳堂	三明市大田县华兴镇京口村
富衍堂	三明市大田县均溪镇周田村
胡坊红军旧址群	三明市明溪县胡坊镇胡坊村
御帘东方军司令部旧址张氏大祖厝	三明市明溪县夏阳乡御帘村
中共红四军前敌委员会旧址：新邱厝	龙岩市新罗区和平路32号
刘亚楼故居	龙岩市武平县湘店镇湘洋村
张氏民居思源堂	龙岩市连城县新泉镇北村村
芷溪古建筑群	龙岩市连城县庙前镇芷红村、芷溪村、芷星村
太平区苏维埃政府旧址	龙岩市永定区高陂镇西陂村
上洋友于楼	龙岩市永定区高陂镇上洋村

名称	地点
虎豹别墅	龙岩市永定区下洋镇中川村
荣禄第	龙岩市永定区下洋镇富川村
院田古建筑群	龙岩市上杭县太拔镇院田村
存耕堂	龙岩市上杭县中都镇罗溪村
陈丕显故居	龙岩市上杭县南阳镇官余村
新屋下民居	龙岩市长汀县三洲镇三洲村
馆前沈宅	龙岩市长汀县馆前镇坪埔村
三洲戴氏民居	龙岩市长汀县三洲镇三洲村城墙坎下18号
坪埔沈坊官厅	龙岩市长汀县馆前镇坪埔村
中街李氏下大屋	龙岩市长汀县河田镇中街村
杨成武故居	龙岩市长汀县宣成乡下畲村
红屋区苏维埃政府旧址九厅十八井	龙岩市长汀县南山镇中复村
中共福建省委、省苏维埃政府机关驻地旧址凝春晖	龙岩市长汀县四都镇汤屋村井牌路

其他图片来源

P1 福州黄巷郭柏荫故居：王立涵 摄

P9 福州衣锦坊郑氏府第：梁如龙 摄

P17 闽清宏琳厝：李华珍 摄

P25 长乐九头马民居：李华珍 摄

P35 闽侯水西林建筑群：李华珍 摄

P43 闽侯白沙永奋永襄厝：李华珍 摄

P51 永泰嵩口德和厝：赖泽樟 摄

P59 柘荣凤岐吴氏大宅：林文强 摄

P67 屏南北墘佛仔厝：甘湖柳 摄

P75 莆田大宗伯第：何云基 摄

P83 涵江凤门林氏大厝：蔡润 摄

P91 涵江江氏民居：何云基 摄

P99 仙游海安朱氏民居：何云基 摄

P107 南安蔡氏古民居：刘剑聪 摄

P115 南安中宪第：洪秋月 摄

P123 南安林氏民居：洪秋月 摄

P131 安溪湖头景新堂：李瑞扬 摄

P139 泉港土坑旗杆厝：陈海平 摄

P147 晋江钱头状元第：陈君兰 摄

P155 永春岵山福兴堂：许保全 摄

P163 漳州蔡氏民居：蔡鹏程 摄

P171 漳浦蓝廷珍府第：林语星 摄

P179 武夷山下梅大夫第：肖文凤 摄

P187 南平峡阳大园土库：王世亮 摄

P195 光泽崇仁裘氏民居：王世亮 摄

P203 建阳书坊陈氏民居：陈琦辉 摄

P211 顺昌元坑陈氏民居：王世亮 摄

P217 邵武中书第：戴健 摄

P225 邵武金坑儒林郎第：李华珍 摄

P233 尤溪玉井坊郑氏大厝：李华珍 摄

P241 尤溪大福圳民居：张宗铝 摄

P251 沙县大水湾陈氏大厝：李华珍 摄

P261 三元龙安骑尉第：刘冬春 摄

P269 永安沧海龙德堂：刘冬春 摄

P277 长汀三洲戴氏民居：张亮珍 摄

P285 长汀馆前沈宅：王世民 摄

P293 长汀中街李氏下大屋：刘中华 摄

P301 连城芷溪集鳣堂：朱裕森 摄

P309 连城培田村官厅：吴念民 摄

说明：丛书内文中的图片一般在原图相应位置标注图片来源，各个辑页的题图以及某些内文底图无法在原文标注图片来源，则统一在此处注明。

后　记

　　本丛书于 2018 年 5 月正式启动，由福建省人大常委会环城工委、教科文卫工委牵头，会同省住房和城乡建设厅、省文化和旅游厅、省新闻出版局、省党史和方志办、省文物局、海峡出版发行集团、省文联和省文物考古博物馆学会等多个部门和学术团体参与编写。

　　为圆满完成丛书的编写出版工作，我们成立了福建古建筑丛书编辑委员会，负责丛书编辑出版原则的制定、编写提纲的审核、编辑出版工作中重要事项的协调以及对丛书全部内容的审定等；成立了福建古建筑丛书编辑部，具体负责稿件的组织征集、图文编辑以及出版发行等事务。为了切实保障丛书的质量，我们还成立了福建古建筑丛书学术专家组，由中国文物学会副会长、福建省文物考古博物馆学会理事长郑国珍担任组长，厦门大学建筑与土木工程学院教授戴志坚、福州大学建筑学院人居环境科学研究所所长张鹰担任副组长，负责丛书的学术问题总把关。

　　丛书邀请以下各位专家分别担任各分册主编，负责各册的选目以及概述和每一处建筑说明文字的撰写，并对本册相关内容进行审核。

　　《城垣城楼》主编　许为一（福建省传统村落与历史建筑研究中心副主任）

《土楼堡寨》主编　龚张念（福建博物院副院长、研究馆员）

《府第民宅》主编　李华珍（福建工程学院建筑文化研究所所长、建筑与城乡规划学院副教授）

《文庙书院》主编　林　峰（福建省文物保护中心主任、研究馆员）

《古道亭桥》主编　楼建龙（福建博物院考古研究所所长、研究馆员）

此外，福建工程学院建筑与城乡规划学院田梅霞参与了《城垣城楼》一册内容的编写。福建博物院肖振家参与了《土楼堡寨》一册的编写，福州大学建筑学院人居环境科学研究所教授李建军提供了其中的部分相关资料。周文博、游小倩参与了《文庙书院》一册相关内容的编写与资料收集工作。福建博物院梁源、张涛、陈闻达、杨俊等人参与了《古道亭桥》一册的资料收集。

丛书散文随笔，委托省作协、各设区市作协等单位征集组稿，邀请相关作者撰写。丛书图片，委托省作协与摄协、各设区市作协与摄协、省党史和方志办、省文物局等单位征集，部分图片由丛书专家、作者提供。

丛书从编写到出版的整个过程，得到了各参与部门和各位专家、作者、摄影者以及社会各界朋友的大力支持，在此，谨致以最诚挚的谢忱！

需要说明的是，因丛书征集文章与图片来源涉及面广，其中个别散文篇目与少量图片，有关部门在交稿时没有附上原著作者、摄影者姓名及联系方式，请相关著作权人及时与出版社取得联系，以便出版单位及时支付相应的稿酬。

福建古建筑丛书编辑部

2020 年 6 月

图书在版编目（CIP）数据

府第民宅/福建古建筑丛书编委会编. —福州：
福建教育出版社，2020.9（2020.12 重印）
（福建古建筑丛书）
ISBN 978-7-5334-8526-9

Ⅰ.①府⋯　Ⅱ.①福⋯　Ⅲ.①古建筑—介绍—福建
Ⅳ.①K928.71

中国版本图书馆 CIP 数据核字（2019）第 187428 号

福建古建筑丛书
Fudi Minzhai

府第民宅

福建古建筑丛书编委会　编

出版发行　福建教育出版社
（福州市梦山路 27 号　邮编：350025　网址：www.fep.com.cn
编辑部电话：0591-83786915　83716932
发行部电话：0591-83721876　87115073　010-62027445）

出 版 人　江金辉
印　　刷　福州华彩印务有限公司
（福州市福兴投资区后屿路 6 号　邮编：350014）
开　　本　710 毫米×1000 毫米　1/16
印　　张　22
字　　数　287 千字
插　　页　2
版　　次　2020 年 9 月第 1 版　2020 年 12 月第 2 次印刷
书　　号　ISBN 978-7-5334-8526-9
定　　价　98.00 元

如发现本书印装质量问题，请向本社出版科（电话：0591-83726019）调换。